巻頭カラーグラビア

謎解き御朱印めぐり

令和特別朱印

【群馬県沼田市】

石尊山観音寺

詳細はP44で!

本書著者と住職との出会い……ご縁が生んだ絵付き御朱印

天狗御朱印

観音力御朱印

達磨大師御朱印

昇竜御朱印

【東京都文京区】

常光山 源覚寺

詳細はP50で!

書き手によって変わる通常御朱印の数々

書き手によって変幻自在! QRコードまで入ったオモシロ御朱印

蒟蒻閻魔御朱印◆其の一

蒟蒻閻魔御朱印◆其の二

蒟蒻閻魔御朱印◆其の三

【兵庫県加西市】

祝融山 多聞寺

詳細はP60で!

戦国ファン必見！
御朱印に対するご住職の想いとは？

参拝者からの提案が生んだ？ 戦国武将・後藤又兵衛の御朱印

後藤又兵衛御朱印

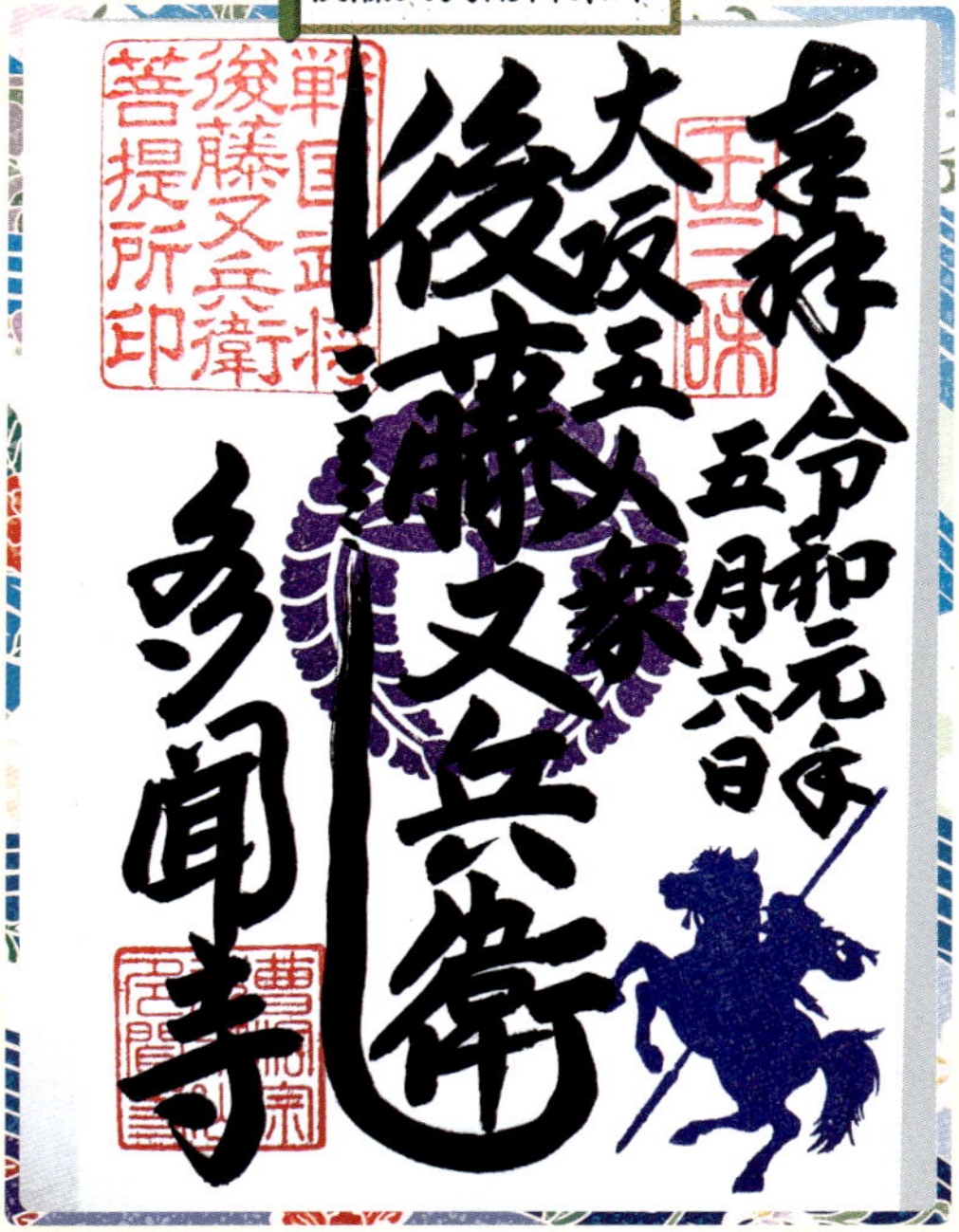

初代御朱印

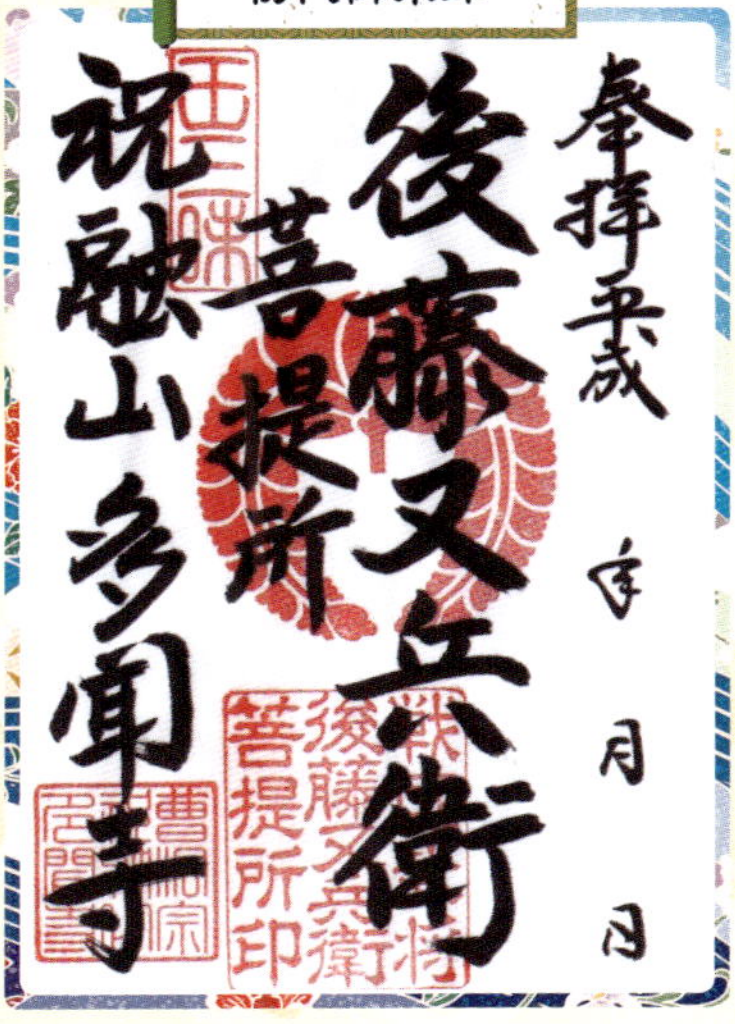

槍の又兵衛御朱印

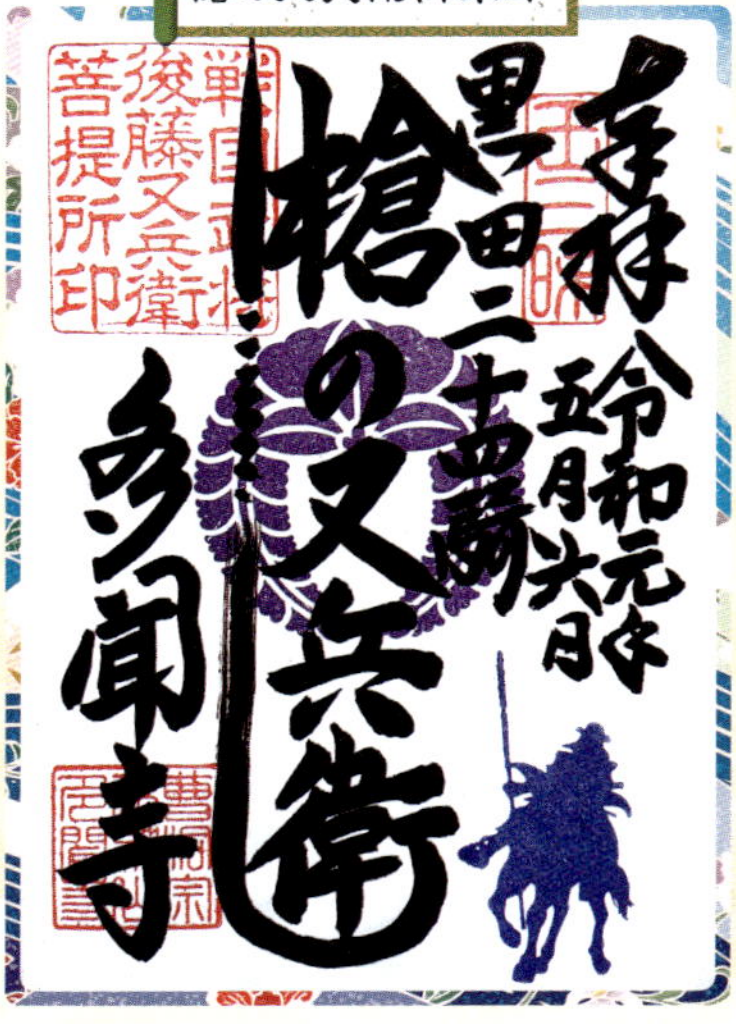

【千葉県南房総市】

青龍山 能蔵院

詳細はP56で!

仏さまを現す美しき平筆使い もはや芸術の域に達した 御朱印5種

五大明王御朱印

観世音菩薩御朱印

飯縄大権現御朱印

大日如来・地蔵菩薩御朱印

不動明王御朱印

敦盛御朱印

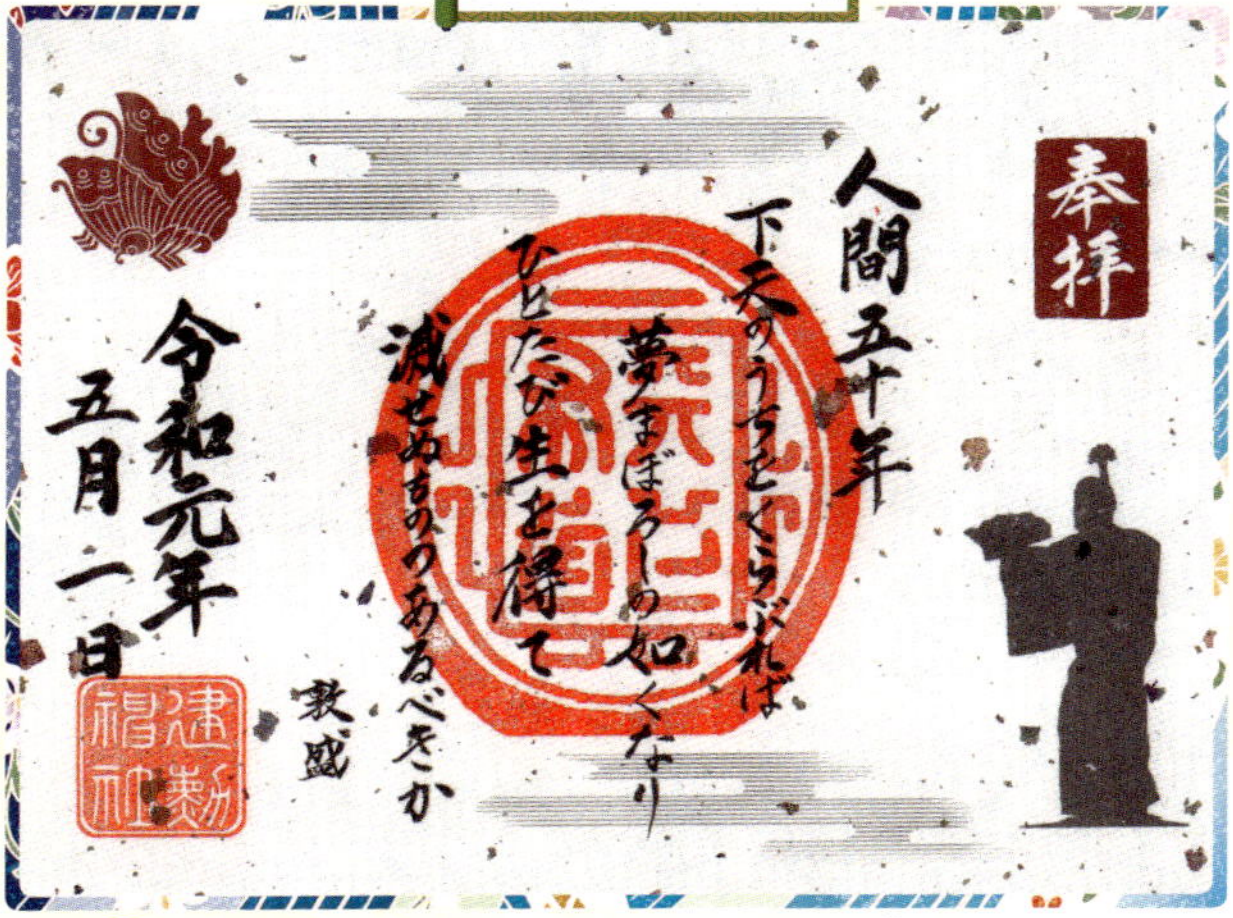

【京都府京都市】

建勲神社

詳細はP96で!

薬研藤四郎御朱印

龍章御朱印

宗三左文字特別御朱印

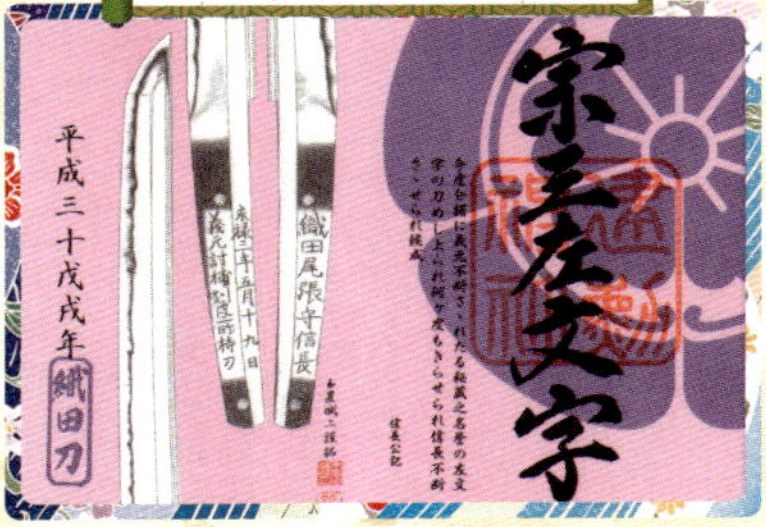

通常御朱印

織田信長を祀る神社の御朱印
京都刀剣御朱印めぐりとは?

【栃木県下野市】

下野大師 華蔵寺

詳細は
P64で!

多彩な御朱印の数々……

平日御朱印

脇仏御朱印＋猫保護応援御朱印

通常御朱印

猫保護応援朱印を頂く方法とは？

月詣り御朱印①

月詣り御朱印②

月曜限定御詠歌御朱印

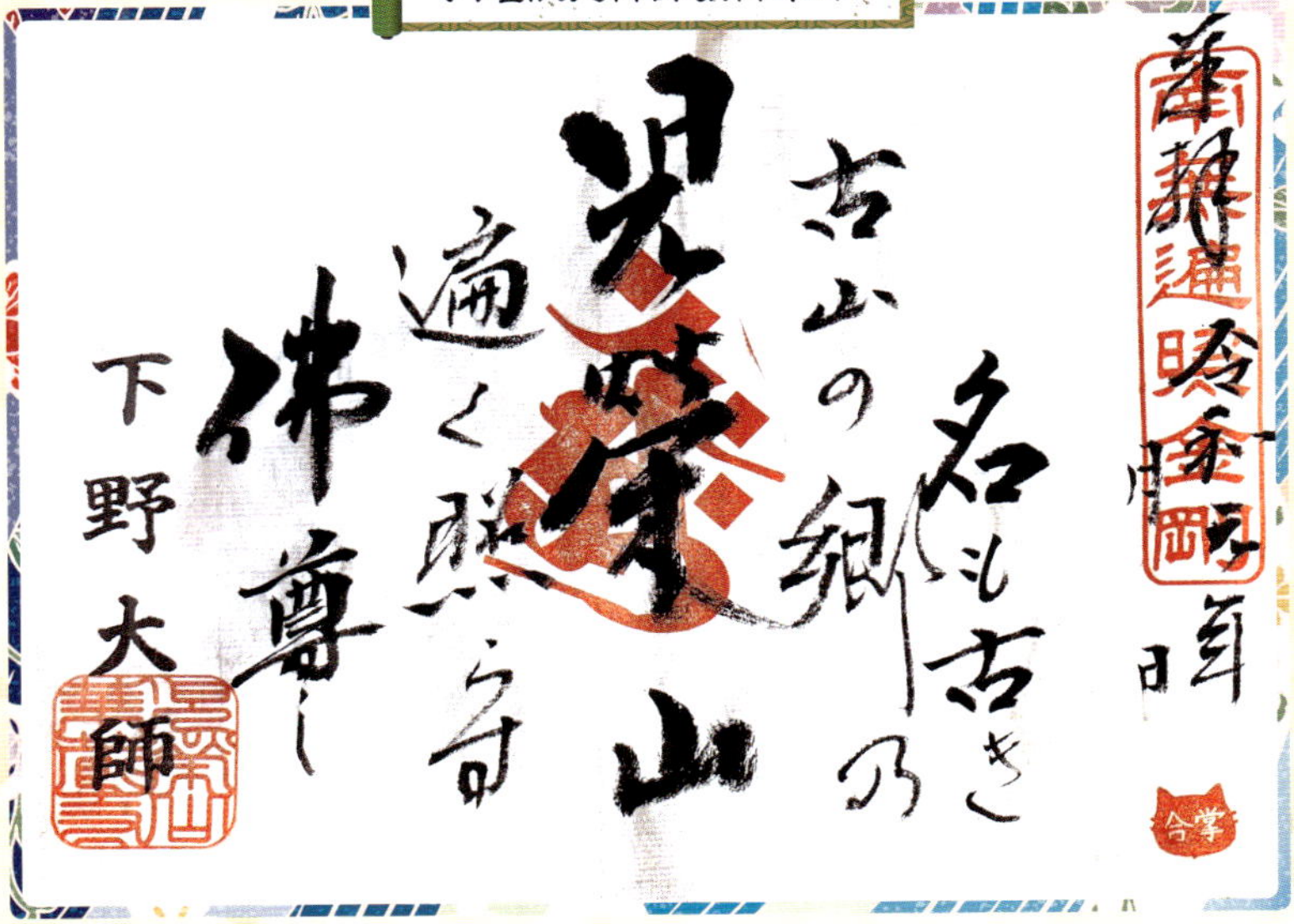

【群馬県高崎市】

少林山 達磨寺

詳細はP68で!

納経印

**十文字の写経をすることで
頂くことができる御朱印**

【東京都港区】

烏森神社

詳細はP76で!

さまざまな限定御朱印

平成結びの御朱印

カラフル御朱印発祥の謎に迫る

東京都足立区

江北氷川神社

詳細は
P82で!

2019年御朱印

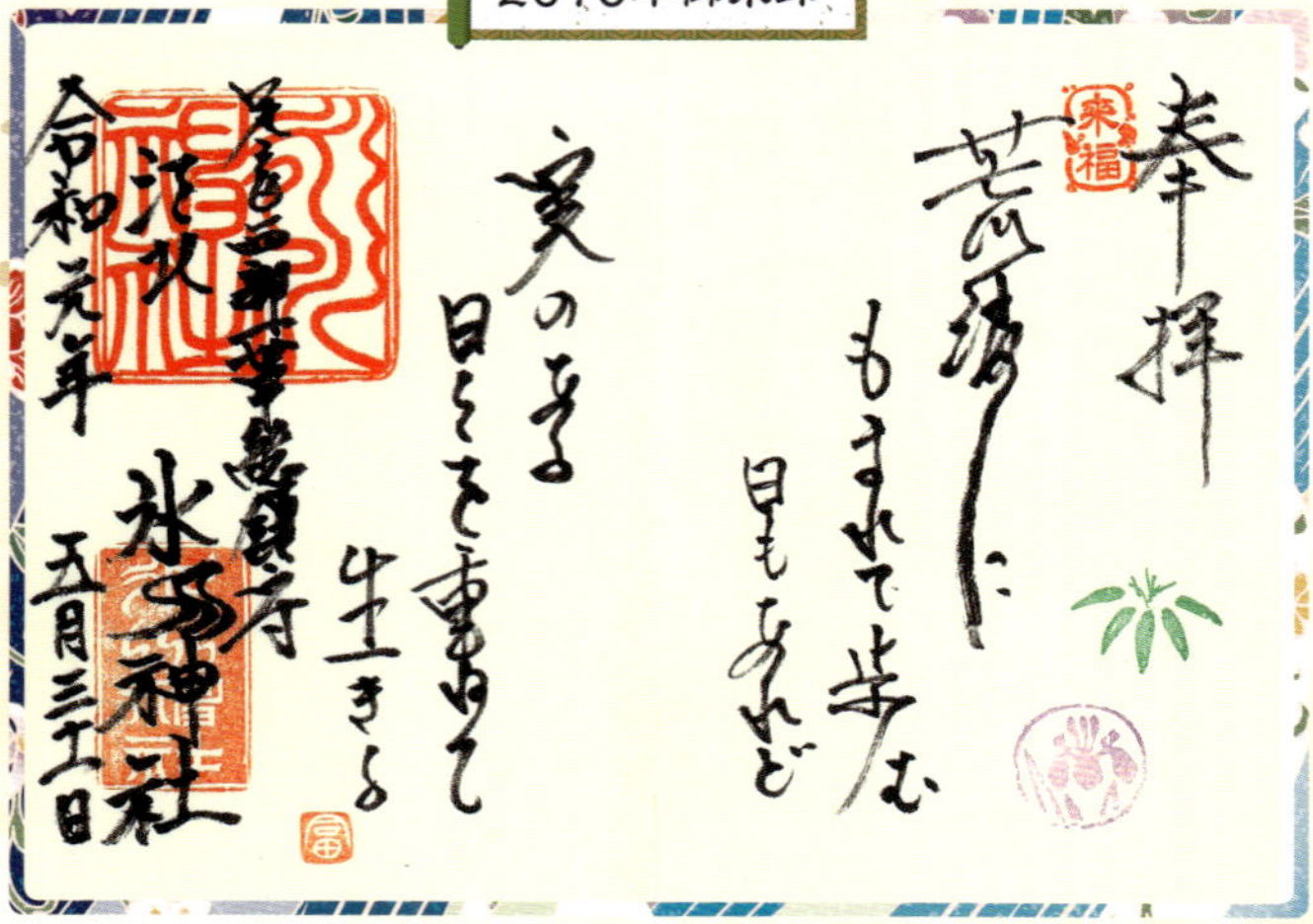

新元号記念御朱印

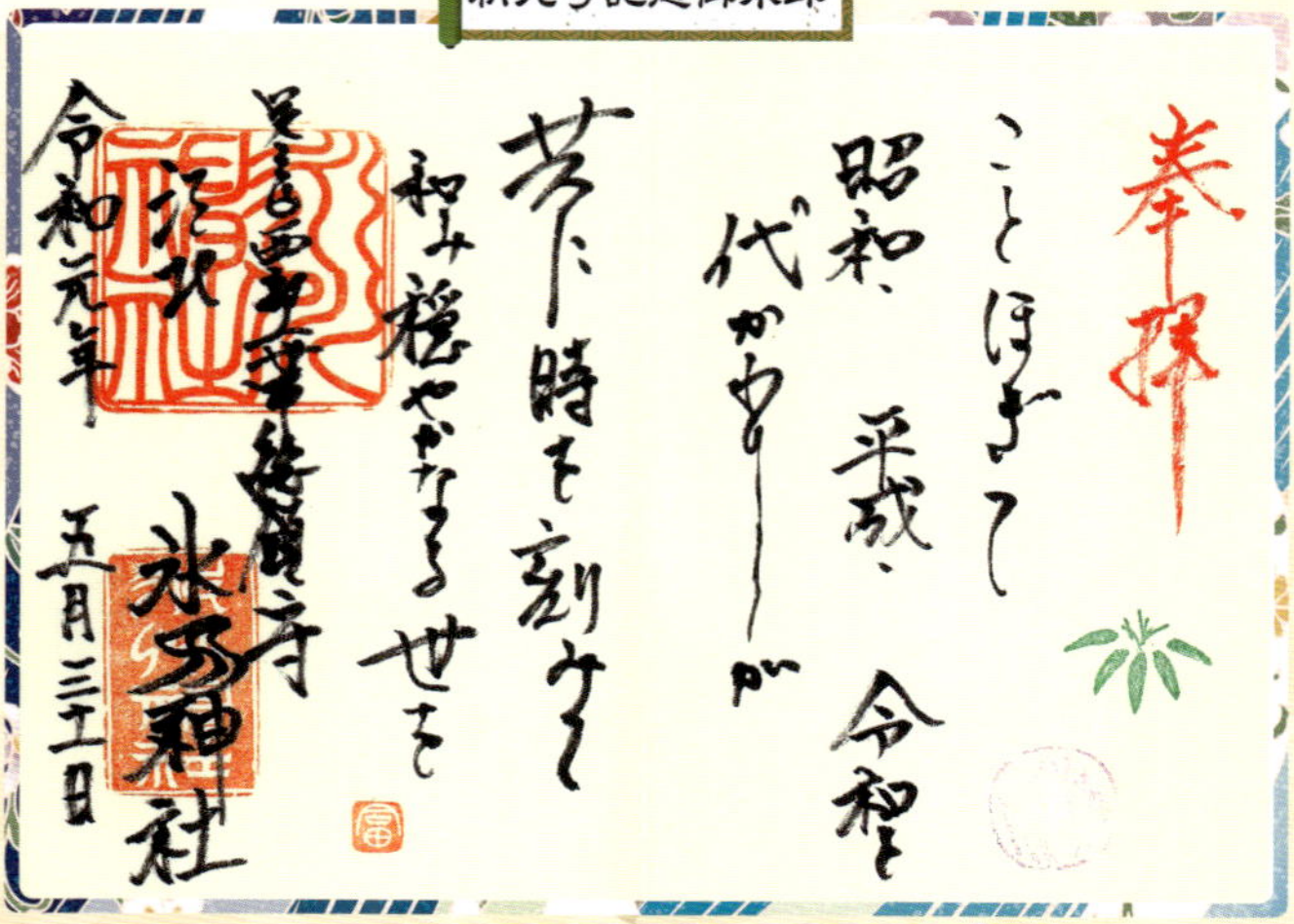

女性名誉宮司の苦難から生まれた
美しき自筆短歌御朱印

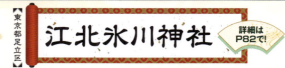

【東京都北区】

瀧野川八幡神社

詳細はP88で!

偶数月15日御朱印「璃」

六月大祓御朱印

通常御朱印

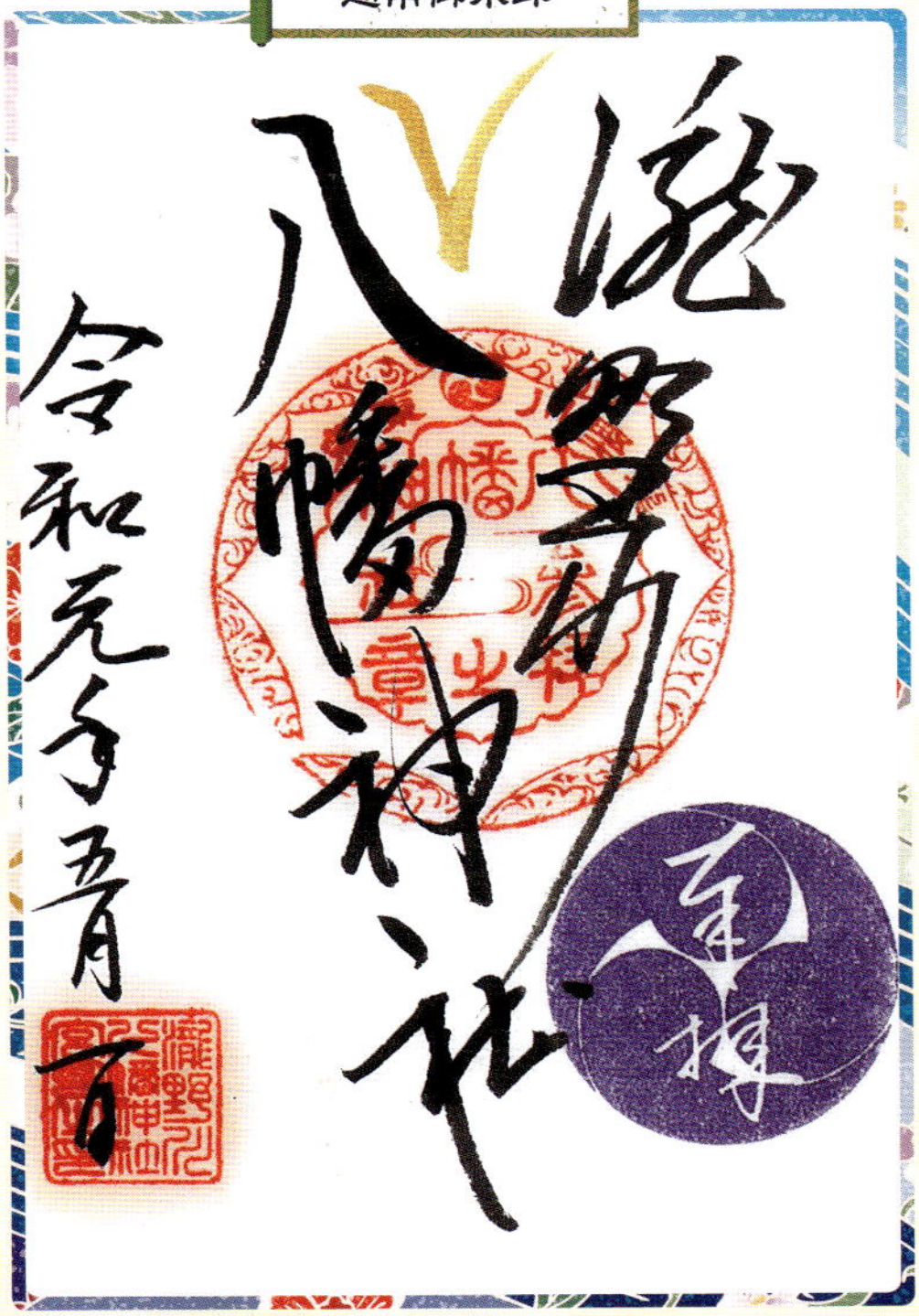

端午節句御朱印

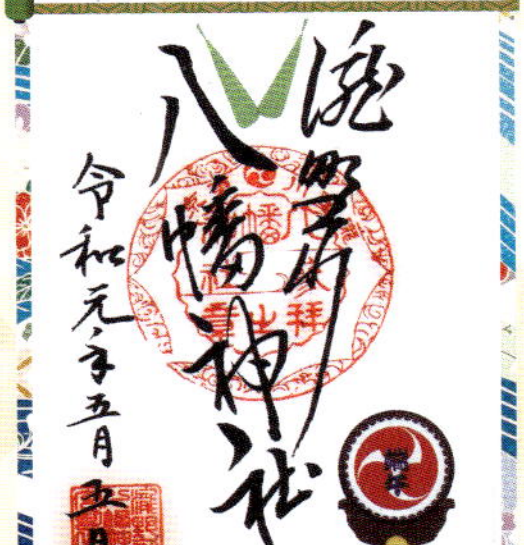

月例祭(1日15日)御朱印

好きな1字を入れることも!? ビクトリー御朱印

【長野県上田市】

眞田神社

詳細はP92で!

人気武将・真田昌幸が御祭神
戦国ファン垂涎の御朱印の秘密

天皇陛下御即位特別御朱印

季節限定御朱印

【長野県北佐久郡】

熊野皇大神社

詳細はP100で!

独創性あふれるアイデアから生まれた型抜き御朱印と1日30体限定の立体御朱印

型抜きの八咫烏御朱印

しなの木神社の御朱印

【群馬県高崎市】

於菊稲荷神社

詳細はP104で!

白狐さまの"しっぽ"御朱印

通常御朱印

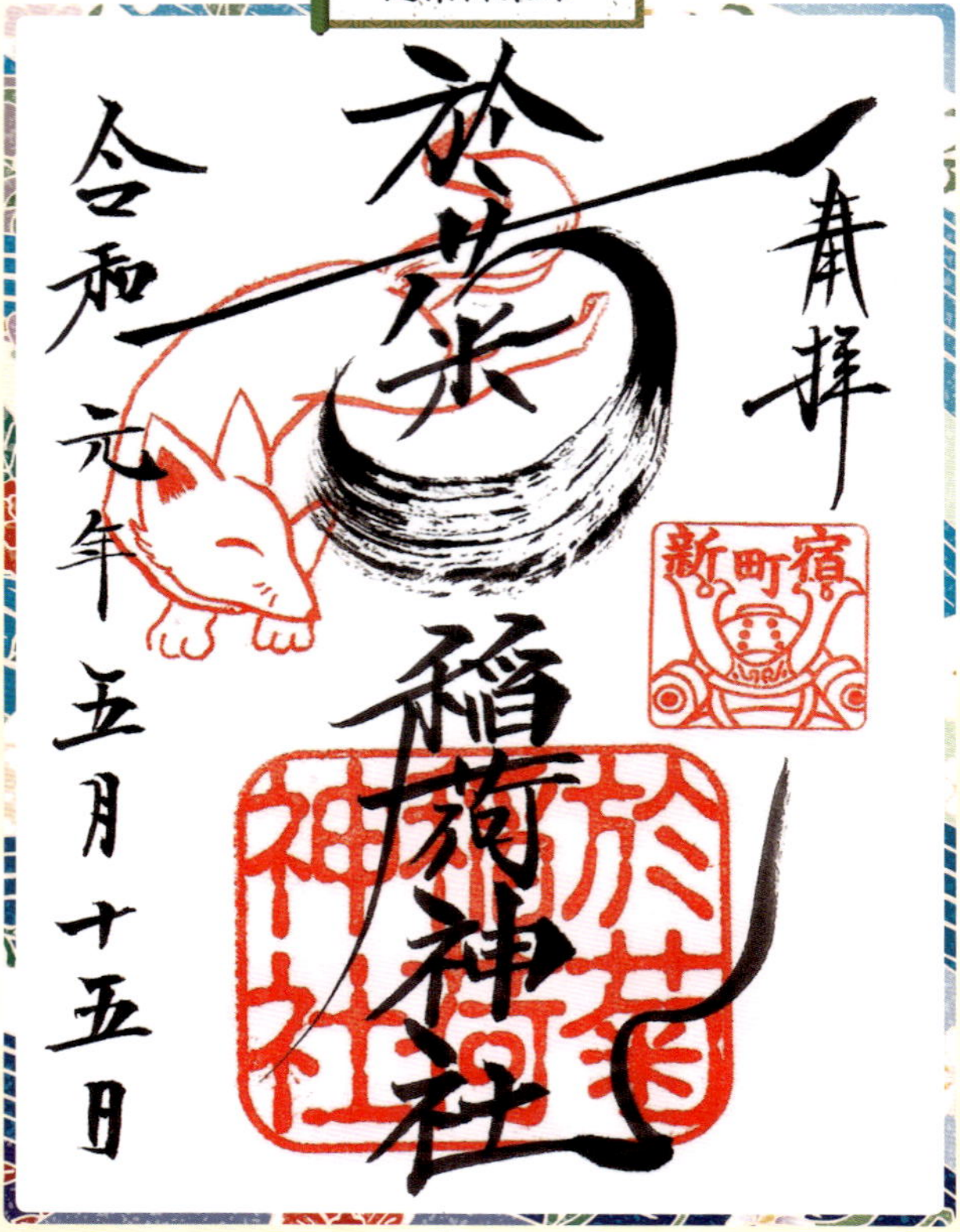

白狐社御朱印

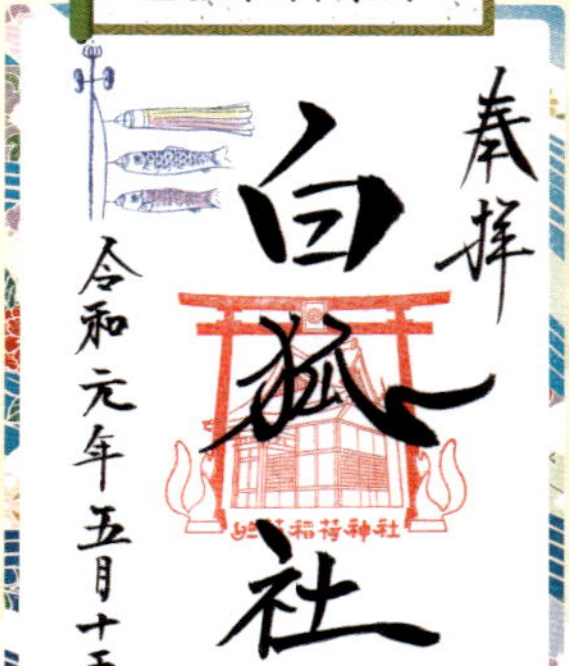

こどもの日限定御朱印

墨字にしっぽが生えるまで……

旧御朱印の変遷

遍歴◆其の一

遍歴◆其の二

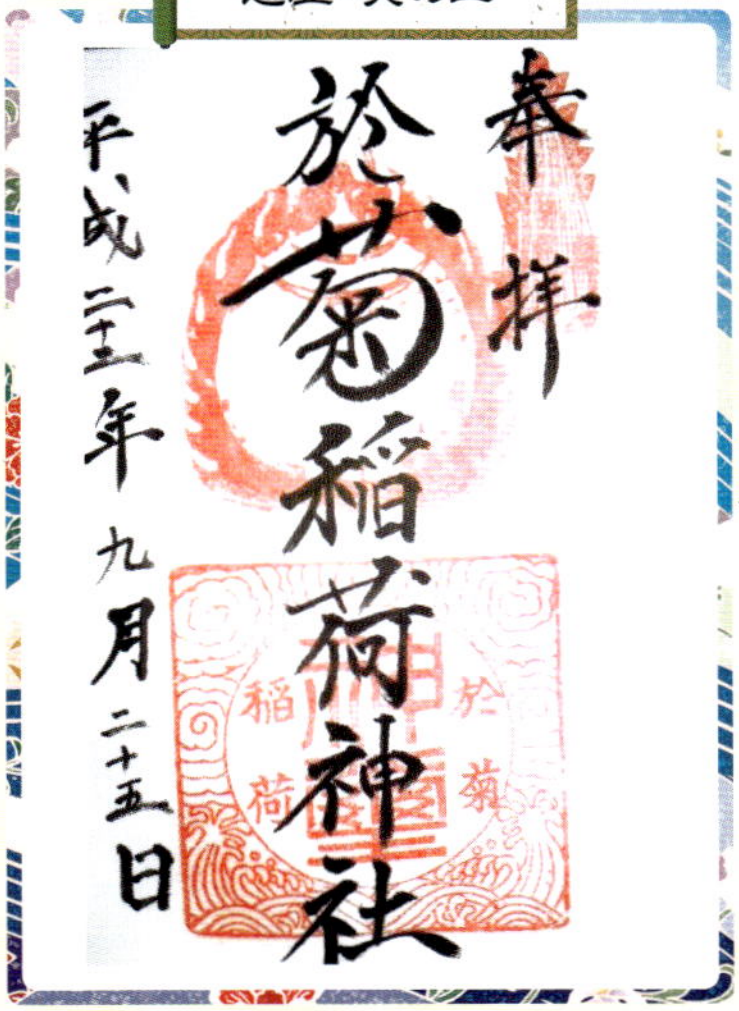

遍歴◆其の三

遍歴◆其の四

【東京都台東区】

浅草神社

詳細はP108で!

幻となった特別な御朱印とは？

社によって書体が書き分けられた御朱印

通常御朱印

被官稲荷神社御朱印

恵比須御朱印

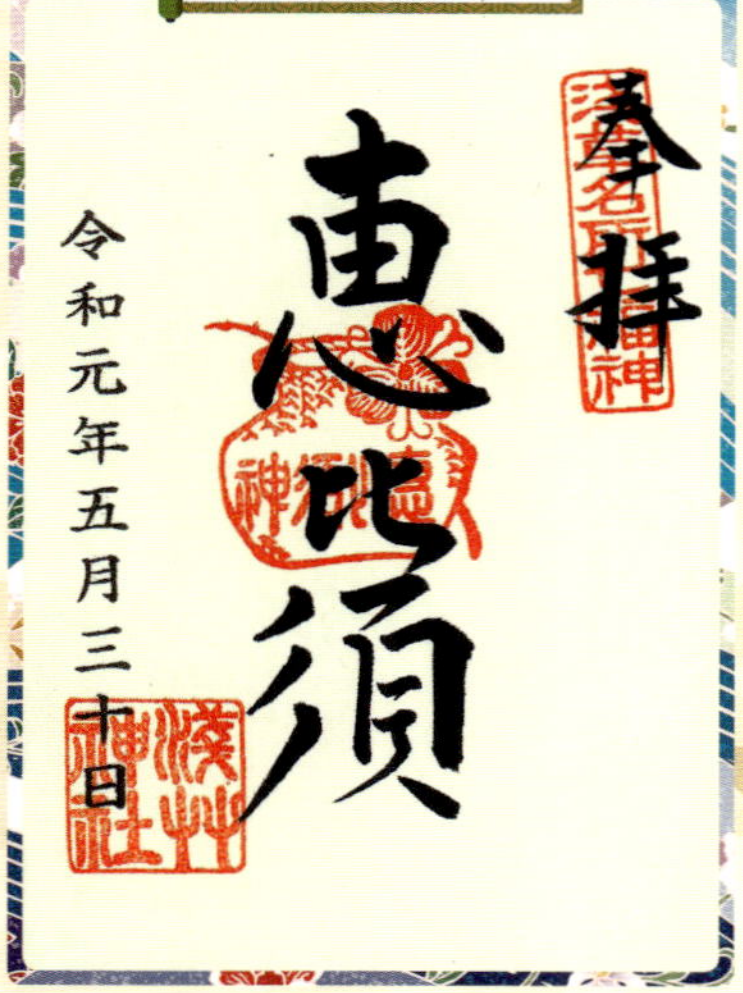

謎解き御朱印めぐり

伝承のルーツや秘められた物語など御朱印のすべてを紐解く

著◉菊池洋明［御朱印愛好家］

究極の御朱印HOW TO本です。

取材した神社の禰宜《ねぎ》さん曰く、「御朱印ブームというよりは、もはや、日本人の慣習、文化になってきていると思います」とのことですが、まさにその通りだと感じています。だからこそ、ここで一度、「御朱印とは何なのか？」についてしっかりと考える本が必要だと思い、本書を制作いたしました。

前書 謎

御朱印めぐりミステリー

古くから日本の文化のひとつとしてあり続けてきた寺社・御朱印めぐり。従来はどちらかというと年輩の方たちが寺社を参拝しているというイメージが強かったと思います。しかし、数年前からのパワースポットブーム、そして、その後に到来した御朱印ブームにより、若い人たちの間でも寺社・御朱印めぐりが浸透し、年を追うごとにその人気も高まってきました。現在では寺社の境内が老若男女問わずにぎわい、御朱印受付所が長蛇の列となっていることも珍しくなくなりました。

このように寺社・御朱印めぐりに多くの人が魅了される理由は何でしょうか。寺社の境内で感じることができる清浄な感覚、それによって生じる新たな気持ちや行動から派生して得られる御利益、寺社がもつ歴史と物語、寺院に祀られている美しい仏像や特徴的な寺社建築、その地域ならではの歴史や文化など……。加えて御朱印を集める楽しみもあります。

なかには御朱印の魅力にハマって、寺社めぐりを始めたという人もいるでしょう。御朱印帳に直接書いていただける一期一会の一回性や、朱印と墨書きのコントラストが生むアート性、寺社によりそれぞれ異なる希少性と神聖な場所でしか頂くことができないという神秘性など、御朱印の魅力と寺社めぐりの魅力が相まって、多くの人がその虜となっているようです。

本書では、寺社・御朱印めぐりを始めようとしている方、始められた方が疑問に思うであろう御朱印に関する謎を、基礎的な事柄から少々マニアックな知識まで幅広く掲載しています。特定の寺社の御朱印に関する謎を、寺社に直接取材を行なって紐解いたりもしていますので、すでに寺社・御朱印めぐりのベテランさん、知識豊富な方にとっても興味深い内容となっているはずです。

どこから読んでいただいてもかまいません。気になった項目から読んでみてください。そして、寺社・御朱印めぐりの奥深い世界へと、ぜひ、その一歩を踏み出してみてください。

本書をきっかけとした寺社・御朱印めぐりを通じて、皆さんが新たな多くの良き縁とつながることになれば、これほど幸甚なことはありません。

【御朱印愛好家】菊池洋明

目次

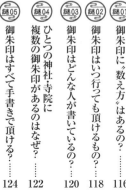

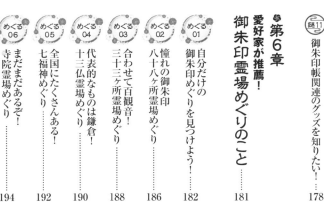

第7章 もっと深く知りたい! 寺院や神社の耳より情報

第1章

御朱印めぐりを始める前に……

知っておきたい予備知識

謎

ずばり、御朱印って何ですか?

「周りで御朱印に夢中になっている人が増えてきているけれど、そもそも、御朱印って何なのだろう?」と、少し興味をお持ちの方や、「御朱印を始めてみたけど、そういえばどういうものか知らない」というようなビギナーの方に、ぜひとも知っておいていただきたいことを解説いたします。

謎01

ずばり〝御朱印〟って何ですか？

答え

そもそもは納経の証だったとされます。

今や一時的なブームを超えて、ひとつのカルチャーとして定着しつつある御朱印。神社や寺院ごとに異なる個性的なデザインや、全国どこにいても始められるという手軽さから、世代を超えた楽しみとして広まっています。

その一方で、期間限定の御朱印や、簡単には行けない寺社の御朱印がプレミア化し、インターネット上で売買されるというケースも増えてきています。確かに、個性豊かな御朱印を目にすると、たくさんの種類を集めたくなってしまいます。しかし、コレクションするためだけに御朱印を集めているのだとすれば、それは少しもったいないことかもしれません。なぜなら、御朱印の魅力は、見た目の美しさや種類の豊富さだけに留まらないからです。

そもそも御朱印とは、写経を奉納した証として、寺社から頂く証書のようなものだったと考えられています。紙に寺社名や御本尊の名前、日付などを書き、朱で捺印してもらったことから、「御朱印」と呼ばれるようになりました。

御朱印のもともとのあり方を体験するという意味でも、ぜひ写経してみることをオススメします。

起源に関しては諸説ありますが、遅くとも室町時代には存在していたようです。写経といえば、寺院というイメージがありますが、明治になるまで長らく神仏習合の時代が続いた日本では、神社にも納経の習慣がありました。現在、御朱印が寺院でも神社でも頂けるのは、こうした歴史的背景が影響しています。

印刷機のない時代、写経によって経典が増えるというのは、寺社にとって非常にありがたいことであり、また書き手にとっては功徳のひとつだと考えられていました。長い歴史の中で御朱印に対する解釈は変容し続けていますが、神仏から授かった尊いものだという根幹は変わりません。現在は、納経をしなくとも御朱印を頂ける寺社が大半ですが、本来の意味合いを理解して参拝すれば、御朱印の見え方は深まってくるはずです。

謎02

御朱印とは、神さまや仏さまの分身？

答え

そういうお考えの神社や寺院もあります。

A

寺社で頂いた御朱印をどういうものとして捉えるかは、人によって異なります。単なる参拝記念の証として捉えている人もいれば、神仏の分身としてとても厳重に扱う人もいます。寺社によっても解釈はさまざま。場合によっては御朱印を授かる際に、扱い方に対する説明をしていただけることもあります。ただし、寺社によっても、受け手によっても解釈が異なるので、「御朱印をどう捉えるか」は明確に定義することはできません。

ですから、大切なのは定義や一般常識ではなく、「自分がどう捉えるか」という点です。参拝記念の証で時々見返しては当時のことを思い返すという捉え方でも、仏さまの御利益や神さまの御神徳を得られるものとして捉えていても問題はありません。御朱印を頂いてから良いことが起これば、「御朱印の御利益があった」と捉えることができますし、悪いことがあっても「御朱印があったお陰で、この程度のことですんだ」と解釈することができます。自分が御朱印をどう捉えるかは、誰にも否定されることではないのです。

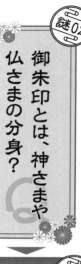

ただひとつ言えるのは、御本尊や神さまの名前が書かれているものを授かるというのは、神仏との縁が結ばれたということと同義であること。自分にとって単なる思い出であっても、御利益を授かるお守りのような存在であっても、尊いものとして接する意識を忘れてはいけません。

御利益や御神徳があろうとなかろうと、神仏の分身であろうとなかろうと、参拝後に頂いた御朱印は自ら求めて得た縁です。それを邪険に扱うということは、せっかくの縁を自分から手放すようなもの。参拝時の気持ちを思い出し、できる限り大切に扱いたいものですね。

繰り返しになりますが、大切なのは、「自分がどう捉えるか」ということ。それと、単に朱印と墨書きが書かれた紙ではなく、神仏との縁を結ぶものであるという意識です。

ご朱印《しゅいん》について

ご朱印(納経)とは、本来、心願の成就を祈り書き写した経文《きょうもん》(般若心経《はんにゃしんきょう》・観音《かんのん》経《ぎょう》等)を、ご本尊《ほんぞん》様の宝前《ほうぜん》にお納めし、その祈願《きがん》をこめた印《しるし》として頂いたものをご朱印と申します。

現在は神社仏閣《ぶっかく》への参拝の証《あかし》として、ご朱印を頂く場合が多いようです。

高尾山は関東屈指の霊山として又、多摩新四国《たましんしこく》第六十八番、関東三十六不動尊第八番の霊場《れいじょう》の札所《ふだしょ》としても、全国にその名を知らしめています。

尚、この印は、ご本尊飯縄大権現《いづなだいごんげん》様のご分身《ぶんしん》に当る宝印《ほういん》であって単なる記念スタンプではありませんので、ご朱印帳は大切に護持《ごじ》なさいまして、ご本尊様の益々のご利益《りやく》に浴せられますよう心よりお祈り申し上げ、またのご参拝をお待ち申し上げます。

〒193-8686 東京都八王子市高尾町二、一七七番地
☎ 〇四二……六六一……一一一五
大本山 髙尾山薬王院

東京都八王子市にある髙尾山薬王院では、御朱印を頂く際に、同院が御朱印のことをどのように捉えているかを説明した紙が挟まれます。

謎03

御朱印のデザインは変わらないもの？

Q

答え

書き手によってイロトリドリに変化します。

A

御朱印めぐりの全国的な盛り上がりを受け、最近ではテレビやインターネットを通じて、各地の御朱印を目にする機会も増えました。こうした露出によって、御朱印ファンの間では、「あの寺院の御朱印が欲しい」という会話が自然と交わされるようになり、目的の御朱印を頂くために寺社を訪れる人も増えています。

しかし、御朱印というのは基本的に1枚1枚手で書かれるものです。そのため、まったく同じものというのは存在しません。寺社によっては書き手の方が複数人いらっしゃる場合もありますし、同じ人でも現在と10年前では字が変わることもあるので、書かれる内容は同じでも書体が違うということは珍しくありません。

まれに、テレビやネットで見たものと見た目が異なるということに不満を漏らす人もいますが、これは寺社側からしたら仕方のないことです。むしろ、同じものでないからこそ、頂く価値があるともいえるでしょう。人と人との出会いと同じで、御朱印も〝一期一会〟なのです。

文字以上に１枚１枚の違いが出る絵付きの御朱印。どんなタイミングで、どんな絵を描いていただけるかがわからないのも、一期一会ならではの楽しみです。

参拝者の増加によって手が回らなくなり、書き置きや印刷した御朱印を授与している寺社もありますが、日付を手書きにすることで、それは世界でたったひとつの御朱印になります。こうした出会いこそが、参拝を特別なものにしてくれるのです。

また、寺院のご住職や神社の宮司さんが代替わりすることで、授与される御朱印の内容（文字、朱印、デザイン）が変更になる場合もあります。過去に遡って頂けないというのも、人との出会いに通じるところがあります。

いずれにせよ、御朱印はその時、その場でしか頂けないものだと捉えておくといいでしょう。期間限定の御朱印など、時期を見計らって授かりに行くものもありますが、基本的には自分のタイミングで出会うものです。

謎04

御朱印の授与料相場はいくら？

Q

答え

300円から500円が一般的です。

A

もともとは写経を納めた証として授与されていた御朱印ですが、現在は授与料を納めることで頂くケースが大半です。現在の授与料は、平均して300円から500円。これは寺院でも神社でも変わりません。

10年ほど前は、今のように凝ったデザインのものや絵付きの御朱印は珍しく、ほとんどが墨書きと朱印のみで構成されていました。授与料は300円というのが一般的で、値段が示されておらず、「お気持ちで」という寺社も少なくありませんでした。

近年は、デザインやカラーが多様化していることから、授与料を500円とする寺社が増加。御朱印帳の2面分を利用した御朱印は、時間も手間もかかるため倍程度の授与料となっています。3面以上にわたる場合や、カラフルな絵が描かれる場合などは、授与料が1000円以上になる場合もあります。

ただし、御朱印は商品ではなく、あくまで参拝の証として授かるものなので明確な授与料の設定をしていない寺社もあります。その場合は３００円から５００円を目安に、お気持ちを納めましょう。

御朱印を頂くにあたって、「商品ではない」ということを念頭に置いておくことは非常に重要です。参拝者のなかには、自分と寺社の関係を、お客とお店のように捉えて横柄な態度をとる人も少なからず見かけます。「自分は客なのだから、欲しいものは売ってくれ」というスタンスは、寺社では通用しません。御朱印は売り買いするものではなく、あくまで参拝の証として授与されるものなのです。収集熱が高まると、ついそのことを忘れてしまいがちですが、御朱印はコレクションアイテムではないということを肝に銘じ、心を落ち着かせて参拝しましょう。寺社に無理なお願いをするのはNGです。

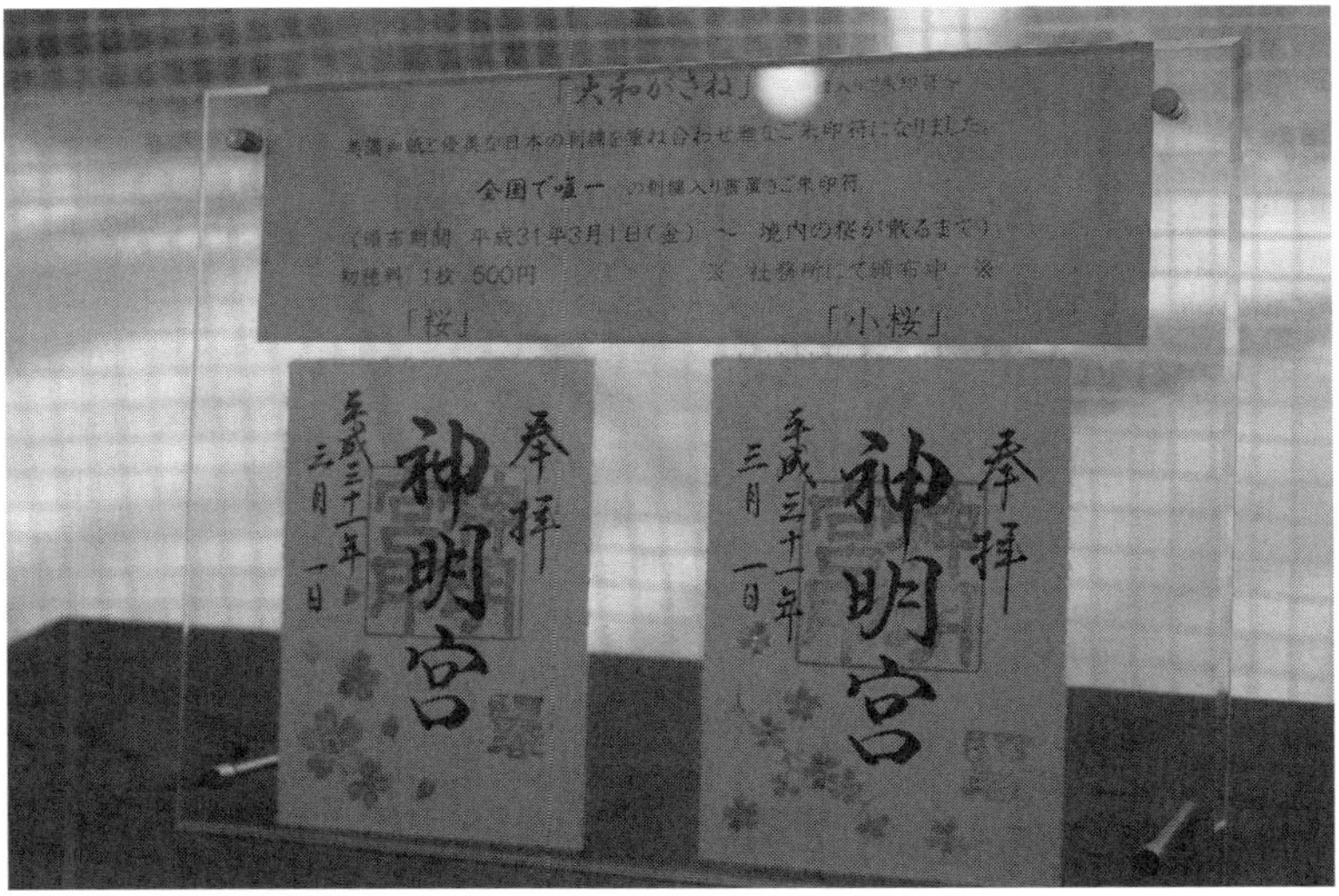

全国で唯一という阿佐ヶ谷神明宮の刺繍入り御朱印。桜の時期だけに授与され、立体的で細やかなデザインが人気。神社では授与料が初穂料と書かれている場合も多いです。

謎05

御朱印を頂く際のマナーとは？

Q

答え

まずは、参拝をしてから頂きましょう。

A

新しく何かを始める際に、どうしても心配になってしまうのが独自のマナーです。興味はあるけれどマナーがわからず、つい腰が重たくなってしまうという経験は誰しも身に覚えがあるのではないでしょうか。

御朱印を頂く際にも、いくつかのマナーがあります。しかし、何も特別なことはありません。一度覚えてしまえば難しいことはないので頭に入れておきましょう。

まず、御朱印は参拝の証として授かるものなので、寺社に参拝してから頂くのが基本です。参拝をせずに御朱印を頂くのは、挨拶もなしに他人の家に上がり込んで、一方的に自分の用事だけをすませていくようなもの。とても失礼な行為です。必ず参拝してから御朱印を頂くようにしましょう。寺社によっては、先に御朱印帳を預け、参拝後に受け取るところもあるので、その場合はルールに従ってください。

御朱印帳を渡す際には、中に挟まっているものを一度取り出しておきましょう。そうすることで、栞や「は

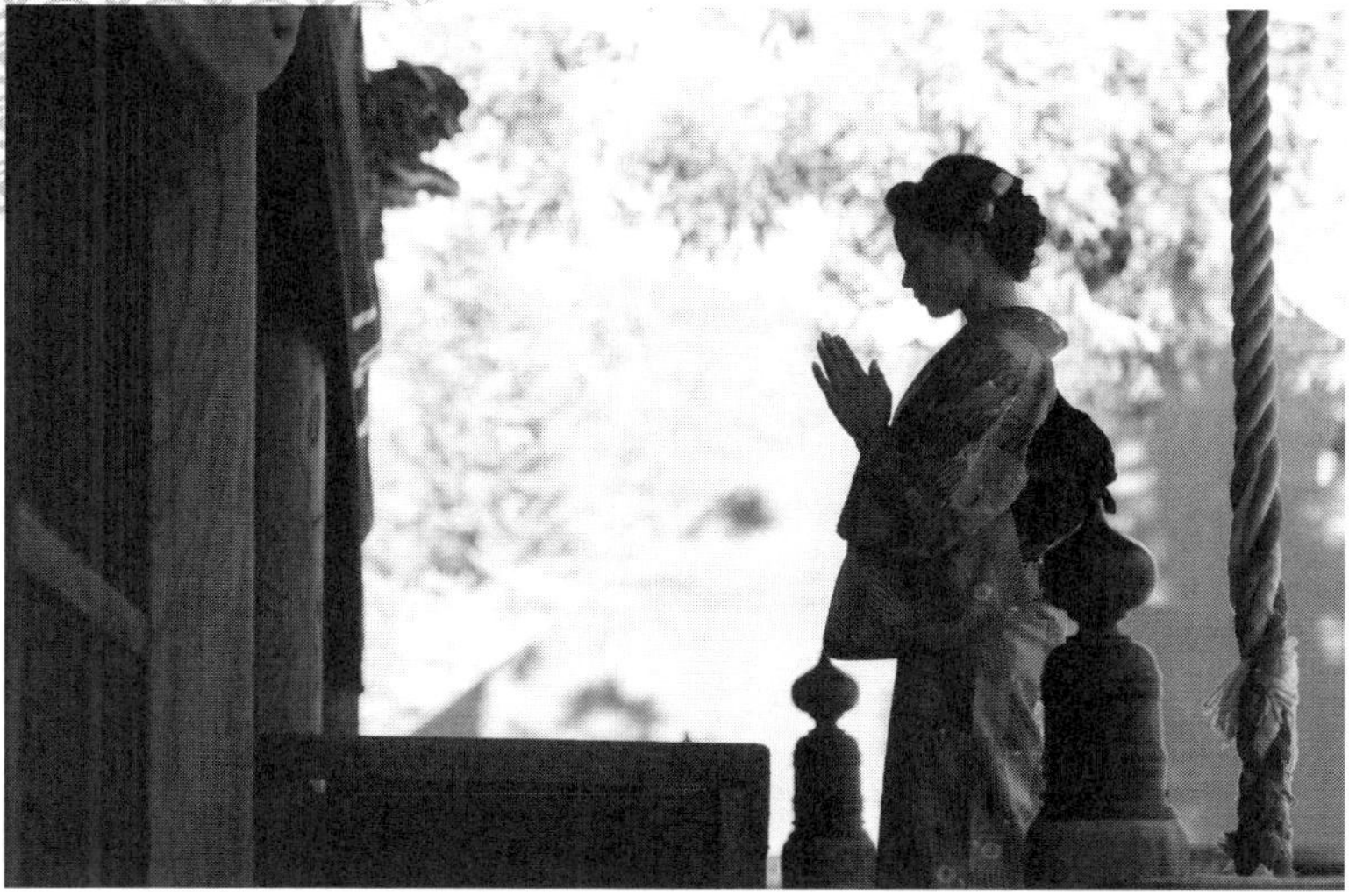

何事も最初の挨拶は肝心。御朱印を頂く際は、まずお参りをしましょう。御朱印は参拝の証に頂くものだということを忘れずに!

さみ紙(P136参照)」がなくなるといったトラブルを防げます。また、御朱印帳にカバーがしてあると、うまく開き切らないことがあるので、外してから書いていただきたい箇所を開いて渡しましょう。

御朱印を書いていただいているときは、静かに待つのもマナーです。写真を撮ったり、おしゃべりしていると、書き手も気が散ってしまいます。また、受付時間外に御朱印を頂こうとするのもやめましょう。たとえ遠方から来た場合でも、それを理由に無理なお願いをするのはNGです。間に合わなかった場合は再訪するか、縁がなかったとあきらめましょう。できるだけ授与料はお釣りのないように用意しておくのもマナーのひとつです。

最後は、しっかりお礼をするのも忘れずに。一期一会だからこそ、お互い気持ちよくやり取りできるよう心がけましょう。

謎06

神社&寺院の参拝マナーとは?

Q

答え

境内に入る前に一礼はぜひしてください。

A

続いては、寺社における参拝のマナーについて。神社と寺院では参拝の方法やマナーが異なります。それぞれの違いを意識しながら、覚えておきましょう。

神社の入り口にあたる鳥居は、一般社会と神域を隔てる境界だとされています。鳥居から先は神さまの聖域ということになるので、くぐる前に一礼しましょう。手水舎《ちょうずや》では、まず右手に柄杓を持って水を汲み、左手を清めます。次に柄杓を左手に持ち替えて、右手を清めます。その後、再び柄杓を右手に持ち、左の手のひらに水を受けて口をすすぎましょう。口をすすいだら、もう一度左手を清め、最後に柄杓を立てて柄の部分を水で流します。

神社では、参道の中心が神さまの通り道(正中)と考えられているので、真ん中を避けて歩きましょう。神前では軽く一礼したあとお賽銭を入れ、二礼二拍手一礼の順番で拝礼。出雲大社では二礼四拍手一礼で拝礼が行なわれるなど、神社によって独自の作法があるケースもあります。拝礼後は、軽く一礼してから神前を退きましょう。

寺院の場合、山門（三門）が聖域と外との境界線になっているので、入る前に一礼するのがマナーです。神社と違って、参道はどこを歩いても構いません。手水舎での作法は神社と同じです。常香炉《じょうこうろ》があれば、煙を浴びて心と体を清めましょう。この煙は、体の悪いところに浴びると治るともいわれています。

寺院における賽銭はお布施であり、欲や執着を捨てるための修行のひとつと考えられています。「受け取っていただいてありがとうございます」という気持ちで入れるといいでしょう。

まず一礼し、お賽銭を入れ、賽銭箱の前に鰐口《わにぐち》や鈴があれば3回鳴らし、なければそのまま両手を合わせて祈願します。手を合わせたまま深くお辞儀をし、功徳を積ませてもらったことに感謝の気持ちを込め、最後に一礼して退きます。

手水舎で手と口をお清めをする順序は、神社も寺院も一緒なので覚えやすいです。

神社にある鳥居は、神さまと人間の社会の境界線。入る前に立ち止まって、一礼しましょう。

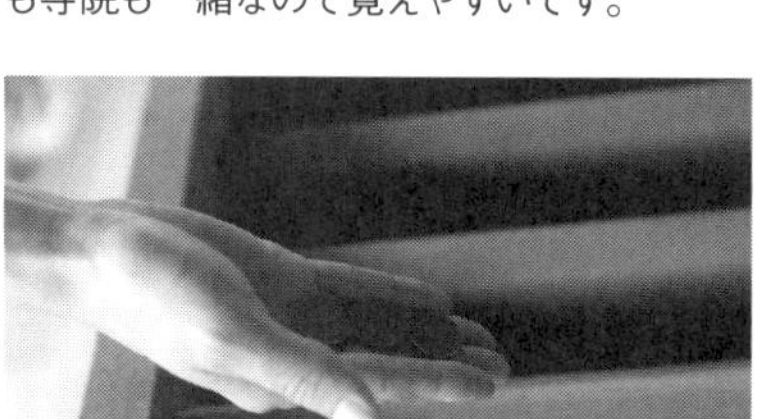

初詣などの混み合っている場合を除き、お賽銭は放り投げずに静かに入れましょう。

謎07

寺院の御朱印には何が書かれている？

答え

御本尊のお名前などが書かれています。

寺院の御朱印には、御本尊の名前が書かれていることが多くあります。その他には、御本尊が祀られているお堂や、宗派の開祖、中興の祖の名前などが書かれている場合もあります。中興の祖とは、開祖が開いた宗派を世の中に広めたり、一度廃れた寺院を再興した人のこと。たとえば、最澄を開祖とする天台宗では、比叡山延暦寺を再建した良源（元三大師）などが中興の祖としてあげられます。

もともと仏教はインドからやってきたということもあり、御本尊の名前が漢字ではなく、サンスクリット語を表記するための文字である「梵字」で書かれるケースもあります。また、最近では寺院にゆかりのある花や動物の絵柄などが描かれた御朱印も増えてきています。

もうひとつ特徴としてあげられるのは、書体が多種多様であること。神社の御朱印は楷書体で書かれることが一般的なのに対し、寺院では崩し字が多く、豪快であったり、達筆であったりと、個性豊かな墨書きが見られます。

寺院を象徴する押印。仏、法、僧の仏教における3つの宝物を示す「三宝印」や、御宝印、家紋、寺紋など

※こちらは著者が南岳寺で頂いたものです。
※寺院によっては、まったく異なるバージョンのものもあります。

☆寺院の場合、寺院内のお堂によって御本尊が異なるため、御朱印が複数授与されることもあります。普段から写経を行なうことから、寺院は特に達筆な方が多いため、その文字に魅力があるといってもいいでしょう。

寺院での御朱印の頂き方

謎08

神社の御朱印には何が書かれている？

答え

神社の名前などが書かれています。

A

神社で頂ける御朱印には、神社名が書かれているのが一般的です。多くの場合、右上に「奉拝」という文字が書かれ、中央部分に神社名の墨書きと朱印、左右どちらかのサイドに日付が入れられるという構成になっています。

ただし、伊勢神宮や出雲大社、熱田神宮など、格式の高い神社では墨書きは日付のみで、中央部分が朱印だけという御朱印が授与されます。理由については諸説ありますが、神社名は神さまそのものであるため、文字として書くのが失礼にあたるという考え方もあるようです。

神社名の墨書きがある神社でも、華美であることを好まない神道の精神性を示しているのか、書かれる文字はシンプルな楷書体であることが大半。しかし、最近は神社でも装飾的なデザインを施したものや、神社にゆかりのある人物や伝承をイラスト化したものが描かれた御朱印などが徐々に増えてきています。また、カラーバリエーションも豊富になっており、青や黄色、緑などの捺印がされた御朱印を見かけることもあります。

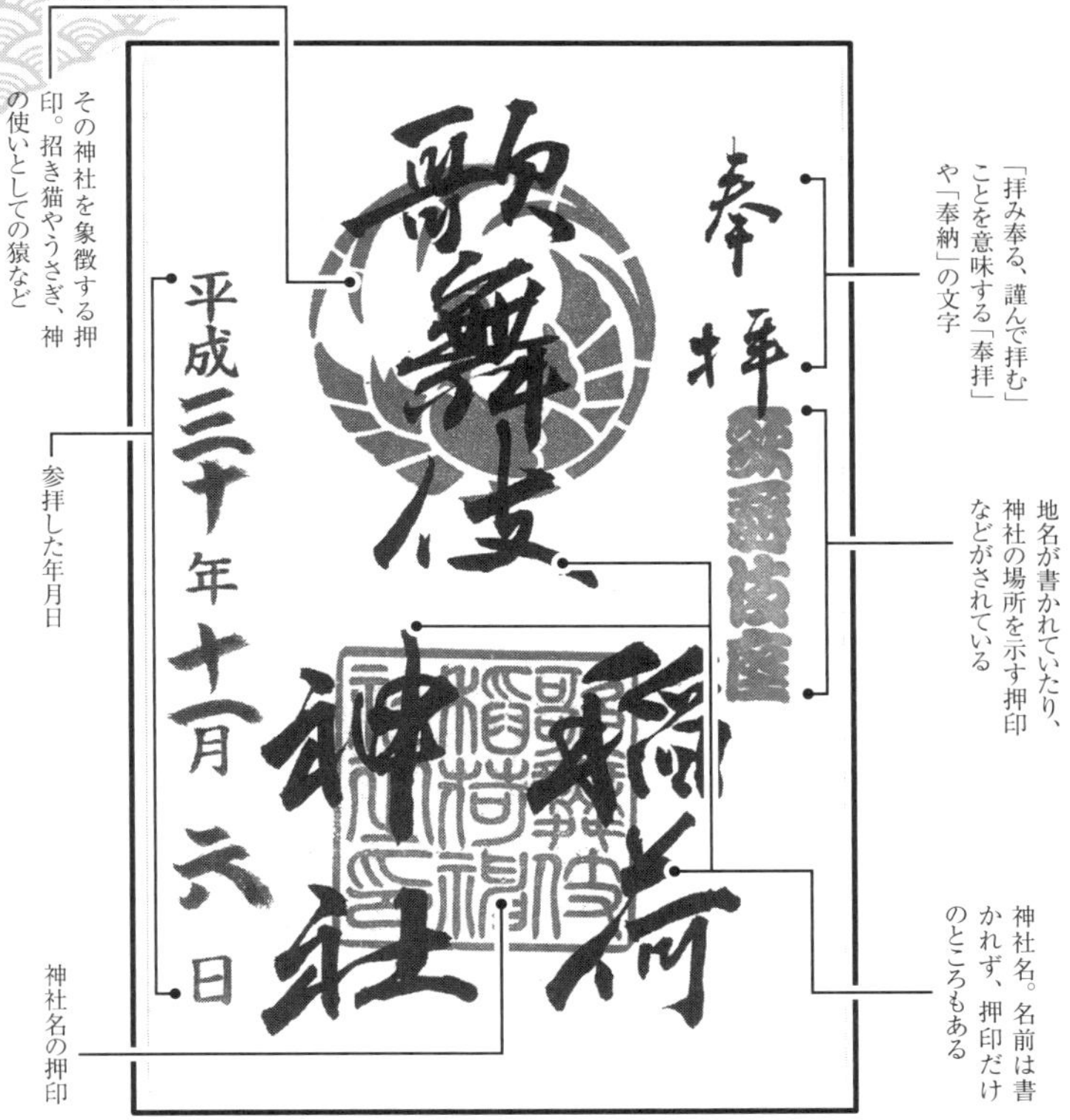

※こちらは著者が歌舞伎稲荷神社で頂いたものです。
※神社によっては、まったく異なるバージョンのものもあります。

☆神社の御朱印は、寺院とは異なり、一般的には神社名が中央に大きく書かれる、シンプルなものが多いです。けれども、最近では、カラフルなものから金泥のもの、特徴的な限定御朱印なども増えてきています。

神社での御朱印の頂き方

謎09

御朱印帳は天国への切符？

Q

答え

棺に御朱印帳を入れるという民間信仰もあります。

A

ここまで説明してきたように、御朱印とは寺社を参拝した証に頂くものであり、神仏と参拝者の縁を結ぶものだと考えることができます。御利益や御神徳については、先ほども触れた通り、「自分がどう捉えるか」によりますが、熱心に御朱印を集めた方のなかには、亡くなったあと、棺の中に自分が頂いてきた御朱印帳を入れてもらうという方もいます。

これはひとつの民間信仰で、生前にたくさんの神社寺院に参拝して、功徳を積んだ者は天国へ行けるという考えをもとにしているようです。僧職や神職を務める方々のなかにも、御朱印は天国への切符になると考えている人もいて、単なる俗説とは言い切れません。

「四苦八苦」という仏教用語が示すように、釈迦が説いた原始仏教には「生きることは苦しい」という前提条件があります。だからこそ、修行して、悟りを開き、輪廻転生のループから解脱するという考え方を説いています。一方、日本に入ってきた大乗仏教をベースに発展した浄土信仰は、修行して悟りを開かなくても、信じる者は救われるというのが基本姿勢です。だからこそ、これだけ

たくさんの寺社を参拝して御朱印を集めることが、天国への切符になるかはわかりませんが、神仏はいつもどこかで人々の行ないを見ているのかもしれません。

多くの人に受け入れられたともいえます。

こうした考えは、たくさんの寺社に参拝して御朱印を集めれば、天国へ行けるという考え方に通じるところがあります。もしかすると、浄土信仰と原始仏教の元々の考え方が融合し、自分で集めた御朱印を棺の中に入れると、これまでに積み上げてきた功徳によって輪廻転生から解脱することができ、生きることの苦しみから解放されるという特殊な解釈が築かれたのかもしれません。これと同じように、閻魔大王が地獄行きか否かを決める際の判断材料が、寺社への参拝の有無だという説もあります。

これらの民間信仰から浮かび上がるのは、人々が救いを求めて寺社へ参拝に行き、そこで写経を納めることで御朱印を授かったという切実な歴史ではないでしょうか。古来より人々は死後の安らぎを求めていたのです。

Column.01

菊池洋明の推し御朱印

これがすごい！

【元号またぎ御朱印】

⛩明治神宮

〒151-8557 東京都渋谷区代々木神園町1−1
主祭神：明治天皇・昭憲皇太后

⛩靖國神社

〒102-8246 東京都千代田区九段北3丁目1−1
主祭神：嘉永六年以降國事に殉ぜられたる
人人のみたま 246万6千余柱

【明治神宮】

【靖國神社】

平成から令和へ。明治時代以降では初めてという天皇陛下の崩御《ほうぎょ》を伴わない今回の改元。あらかじめ予定された平成最後の日（平成31年4月30日）と令和最初の日（令和元年5月1日）の御朱印を頂き、異なる元号をまたいだ「改元見開き御朱印」としました。参拝したのは、明治天皇を祀る明治神宮（左・令和最初）と幕末以来の国に殉じた英霊たちを祀る靖國神社（右・平成最後）。改元にふさわしい両社の素晴らしく美しい御朱印です。

明治神宮とは？

明治神宮は、東京・代々木の地に明治天皇と皇后の昭憲皇太后を祀る神社を創ろう、という国民の機運の高まりにより大正時代に造営された神社です。お正月の初詣における参拝者数は毎年全国1位で、名実ともに日本を代表する神社のひとつです。

靖國神社とは？

靖國神社は、幕末の殉難者をはじめ、大東亜戦争（太平洋戦争）などで国のために殉じた幾多の戦歿者を英霊として祀る神社です。明治神宮も靖國神社も、連綿と続く日本の歴史に静かに思いを馳せるにふさわしい神社です。

第2章

詳しく教えて!

寺院編

御朱印に込められたメッセージ

いつから授与されているのですか?

御朱印を頂く際、その御朱印に込められた意味にまで目を向けることは少ないかもしれません。「いつ誕生したのか、なぜこの御朱印なのか、どんな想いが込められているのか?」。著者が気になるいくつかのお寺の御朱印について、そのルーツに迫りました。

【群馬県沼田市】

石尊山観音寺《せきそんさんかんのんじ》

MESSAGE

絵付き御朱印 著者とつながれたご縁とは？

「1年に数枚くらいしか書く機会はありませんでしたね」

幹線道路沿いとはいえ、奥まった山あいにひっそりと佇む観音寺は、背後にそびえる戸神山（石尊山）の登山者を除くと、訪れる参拝者はほとんどなく、御朱印を書くこと自体が珍しいような山寺だったそうです。

「偶然前を通りかかることがまずないという立地のため、参拝者の一人ひとりがとても貴重であり、訪れてくださった感謝を込めて、できるだけ声をかけ、本堂の中を案内するようにしていました」

そう語るのは、温和でやわらかな笑顔が印象的な五十木晃健《いかるぎこうけん》住職。2010年に観音寺の住職に拝命されました。

当時の観音寺は、寺域全体が古色蒼然《こしょくそうぜん》とした雰囲気で、ご住職が最初に手掛けたことは、境内などの整備だったそうです。地域の人たちとともに、本堂へと続く参道の舗装工事をしたり、観音寺のシンボルとなるような「ほほゑみ十二観音」を建立するなど、地域の人々にとっての憩いや祈り

【観音力御朱印】ご住職の伝えたいメッセージ「観音力」が綴られた御朱印。

の場となるよう、ご住職自らの手で寺院を発展させていきました。

私が観音寺を訪れたのは、徐々に参拝者が増えてきた2016年のことでした。全国各地の多くの神社や寺院を訪れている私ですが、「観音力」と豪快に書かれた達筆な文字の御朱印と、気さくに話しかけ案内してくれた五十木住職の人柄に魅了され、その後しばらくしてから自身の監修本に掲載することを願いでたのです。

ご住職がおっしゃるには、「もともとは、〝観音様のお力が皆さまのもとへ行き届きますように〟という思いを込めて〝観音力〟という文字を書かせて頂いていました。じつは、菊池さんとご縁があっ

観音寺とは?

開創当時は天台宗で、のちに臨済宗となり、1500（明応9）年に迦葉山《かしょうざん》龍華院《りゅうげいん》弥勒寺《みろくじ》三世《さんせい》・天山見亮禅師《てんざんけんりょうぜんし》を開山に迎え、曹洞宗寺院として再興されました。江戸後期には寺子屋が、明治初期には小学校が置かれるなど、地域に根付き、檀信徒とともに長い年月を歩んできた寺院です。

ご住職がひとりで書かれているため、不在のときのために、寺院内にはたくさんの書き置きされた御朱印が置かれています。直接書いていただきたい場合は、問い合わせをしてから訪れるといいでしょう。

自然に抱かれるように佇む観音寺。四季折々の表情を見せる境内は、心が落ち着くひとときが過ごせます。

たあと、〝絵は描かれないのですか?〟というメールを頂き、それをヒントに、今の御朱印の形が生まれたのです」

そして、それらの御朱印がきっかけとなって訪れる参拝者の数は、どんどん増えてきているといいます。

「もちろん、本来の御朱印の意味を伝えていくために、納経もすすめています。ですが、まずは、寺院に足を運んでいただくことが大切で、そこから人々と寺院とのご縁ができることが何よりもありがたいことなのです。御朱印がそのきっかけとなるのであれば、これからも喜んで書かせていただきたいと考えています」

五十木住職は、元々は会社役員をしていたという、仏僧界でも珍しい異例の住

【天狗御朱印】観音寺は、近隣にある天狗寺として知られる迦葉山龍華院弥勒寺の末寺なので、はじめられた天狗の御朱印です。

職です。30代のときに会社が経営破綻、自らも自己破産して、さらに追い打ちをかけるように腎臓がんになるなど、生き地獄とも言える状況を経験しました。その後、失意のなかで参加した坐禅会で、「本来無一物（人は何も持たずに生まれ、地位も財産も何一つ自分のものではない）」という言葉と出会い、感銘を受け、そして、「死ぬまで生きる」禅僧を目指すことを決意したそうです。

そんなご住職だからこそ、住職となってからは人と人とのつながりを大切にし、寺院としての寺務だけでなく、子ども向けに寺子屋修行や仏教教室を開いたり、寺院を開放して展示会やライブイベントなども行なっています。院内に飾られている襖絵も、「子どもたちが寺を楽しめるように」という思いで、かわいらしい絵を描いてもらったそうです。私自身も、その絵を見たからこそ、絵の御朱印を書かれてはどうかと尋ねてみたのです。

最後に、ご住職にとって御朱印とは何かを聞いてみました。

「人間、一生のうちに出会える人の数は限られていますからね。でも、御朱印をはじめたことでそれが何倍にも膨れ上がっています。御朱印とは縁を結ぶもの。仏さまとの縁を結ぶだけでなく、人と人との縁も結ぶものなのだと思います」

ご住職が結んできた、すべてのご縁がつながった――その結実したものが、現在の絵付き御朱印の姿なのではないでしょうか。

「観音力」ならぬ「御朱印力」、御朱印にはご縁を結ぶ力が秘められている気がしてなりません。

訪れる人たちとの縁結びの証の数々

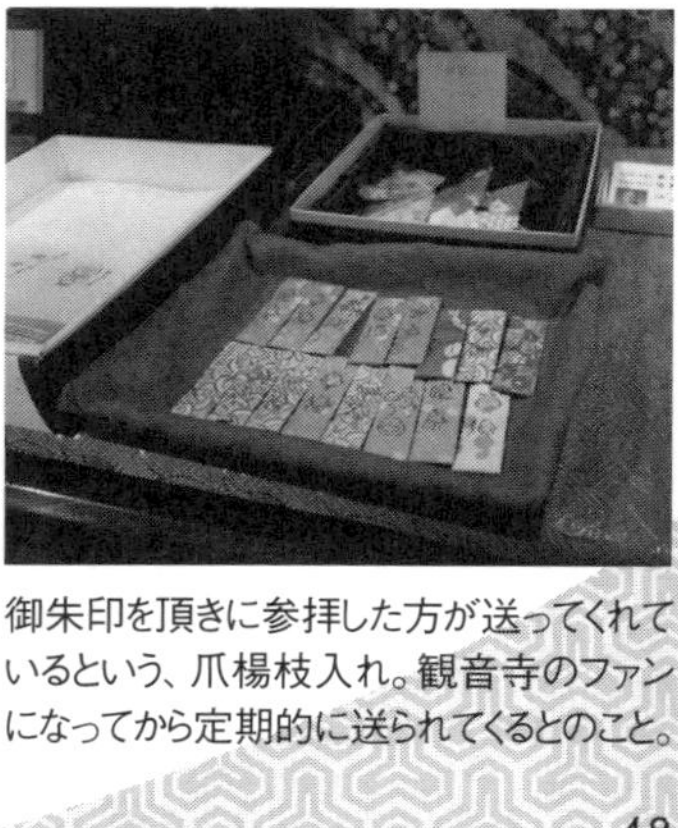

御朱印を頂きに参拝した方が送ってくれているという、爪楊枝入れ。観音寺のファンになってから定期的に送られてくるとのこと。

小学生が遠足や修行体験で訪れるため、五十木住職のご友人に頼んでかわいらしい襖絵を描いてもらったそうです。

観音寺をモチーフに絵を描いてくれている画家さんの絵。彼女が描いたオリジナル御朱印帳もあります。

【昇竜御朱印】躍動感あふれる昇龍。元号が令和に変わり、新たに授与されている御朱印です。

【達磨大師御朱印】禅宗の曹洞宗寺院であることから、ご住職は達磨絵も習得しました。

【令和特別御朱印】令和の色紙が掲げられた観音力御朱印。このように観音寺では、さまざまな種類の御朱印を頂くことができます。

【特別限定御朱印】取材した際にご住職から特別に授与していただいた御朱印です。縦5面にわたる掛け軸のように見事な御朱印となっています。本書を持参していただければこの御朱印も書いてくれるとのことです。

石尊山 観音寺

〒378-0074 群馬県沼田市下発知町332

【東京都文京区小石川】

常《じょう》光《こう》山《ざん》 源《げん》覚《かく》寺《じ》

MESSAGE

QRコード入り御朱印 書き手によって変幻自在！

源覚寺の御朱印には、一度見たら忘れられないほどの強烈なインパクトがあります。中央に墨書きされているのは「蒟蒻閻魔《こんにゃくえんま》」という文字。これは、同寺院の閻魔堂に祀られている「こんにゃくえんま像」に由来しています。

「蒟」という文字の一番上は、閻魔大王の代名詞でもある「王」と書かれた帽子をイメージしたデザインになっていますが、気になるのはその下にある「目」のような墨書き。これは果たして何を意味しているのでしょうか？

話を伺ったご住職の奥さまの解説によると、「真ん中に描かれている目は、こんにゃくえんま像の目です」とのこと。続けて、「源覚寺の閻魔さまは、右目が黄色く濁っていて、左目だけがギョロッとこちらを見ています。その様子を表すために、御朱印には片目の絵を入れました」と説明してくれました。実際に、こんにゃくえんま像を拝観すると、左右で目の輝きが違うことがよくわかります。

源覚寺の閻魔大王像が、「こんにゃくえんま像」と呼ばれるようになった由来は諸説あるそうで

【蒟蒻閻魔御朱印】閻魔堂に祀られている「こんにゃくえんま像」は右目が濁っていることから、源覚寺の御朱印は片目の閻魔像をイメージしたデザインになっています。

すが、次のような説が広く知られています。

宝暦年間にひとりの老婆が眼病を患い、源覚寺の閻魔大王像に日々祈願していました。ある日、老婆の夢の中に閻魔大王が現れて、「満願成就の暁には、私の片目をあなたにあげて、治してあげよう」と告げたといいます。すると、老婆の目はたちまち回復。老婆は、感謝の証として大好物であったこんにゃくを我慢して、その分を閻魔大王像に供え続けました。それ以降、源覚寺の閻魔大王像は「こんにゃくえんま像」と呼ばれるようになり、「身代わり閻魔」として信仰を集めるようになったそうです。現在でも源覚寺には、眼病回復を願う参拝者がお

源覚寺とは?

東京都文京区にある浄土宗の寺院。1624（寛永元）年に、定誉随《じょうようずい》波《は》上人《しょうにん》によって創建され、徳川秀忠や家光から信仰を得ていました。同寺院に祀られている「こんにゃくえんま像」は、鎌倉時代に運慶派の仏師によって作られたものとされており、区の指定有形文化財になっています。

【こんにゃくえんま像】右目が濁っている分、左目が煌々と輝いているように見える「こんにゃくえんま像」。

【お供えのこんにゃく】眼病が回復した老婆が、閻魔大王の好物だったこんにゃくをお供えしたという伝承があり、今もお供え物が絶えません。

供物としてこんにゃくを持参して訪れています。

この他にも、閻魔大王は嘘つきの舌を抜くと言い伝えられていることから、舌に似たこんにゃくを供えることで身代わりにするようになったという説や、「こんにゃく」と「困厄《こんやく》」の語呂合わせで厄除けの意味をもたせたという説などもあるそうです。

閻魔大王はこんにゃくが大好物だという俗説がありますが、これは源覚寺の言い伝えに端を発しているのかもしれません。ちなみに、源覚寺では閻魔大王の縁日である毎月6日に、境内でこんにゃくを使った味噌田楽が振る舞われています。また、大晦日にも除夜の鐘に合わせ

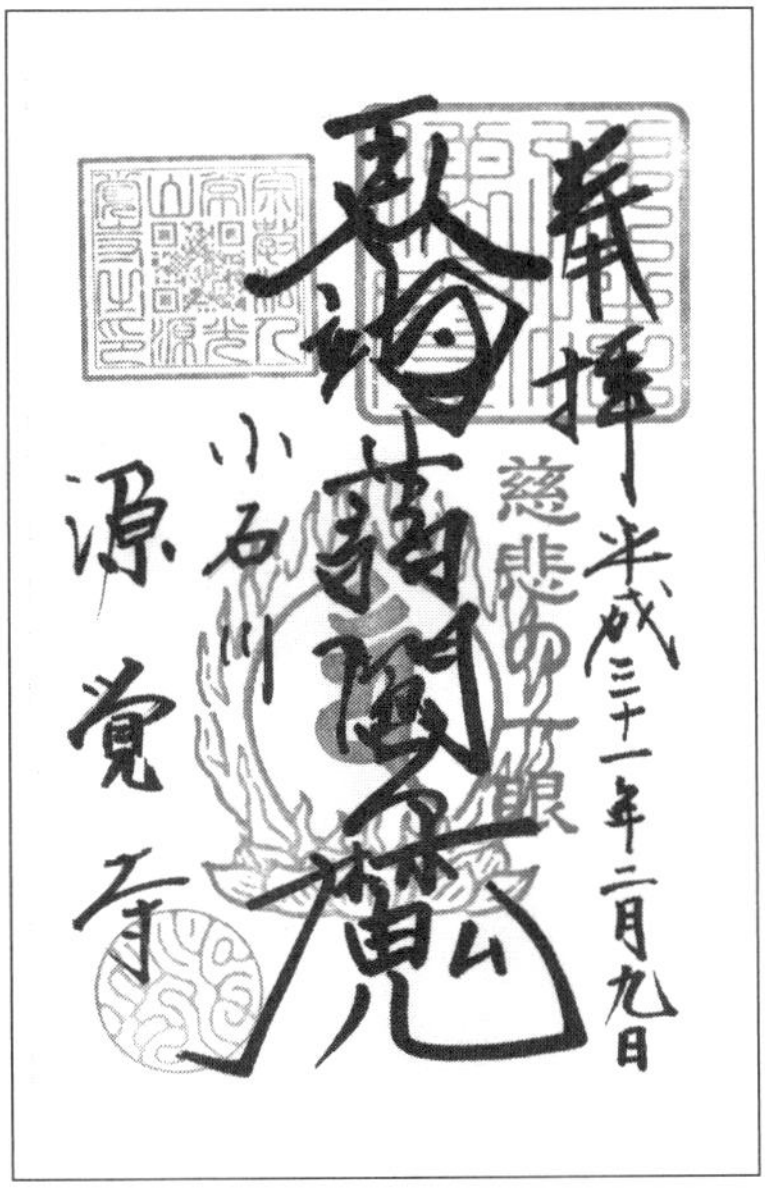

同じ「蒟蒻閻魔」と書かれた御朱印ですが、書き手が異なるため、見た目がまったく異なっています。ちなみに、左上に押印されているのがQRコードが刻印された朱印です。字が重なると読み込めない場合もありますが、それも一興。

て、樽酒や甘酒以外に、味噌田楽が振る舞われるそうです。

蒟蒻閻魔の御朱印で、もうひとつ特徴的なのが左上に押されている朱印です。一見、よくある朱印のように思えますが、注意深く見てみると中心部分がＱＲコードになっていることに気づくでしょう。なんと、こちらの朱印は源覚寺のＨＰにつながるＱＲコードになっているのです。もちろん、ただのデザインではなく、実際にスマートフォンで読み込むと源覚寺のＨＰを閲覧することができる仕組みになっています。

これとは対照的なのが左下の丸い朱印。こちらは、寺印だとされていますが、古すぎて意味はわかっていないとのこ

【そのほか御朱印】小石川七福神のうちの毘沙門天が祀られていることから、源覚寺では毘沙門天御朱印も頒布されています。

【書き手によって異なる墨字】源覚寺の御朱印は、すべて書き入れで授与されています。書き手によって書体は変わるので、一期一会ならではの味わい深さがあります。

【御朱印帳】閻魔大王が刻まれた御朱印帳。色は白、オレンジ、黒の3種類があります。

と。少なくとも江戸時代から使われている朱印だそうです。絵とも字ともつかない特徴的なデザインが目を引きます。

このように、源覚寺の御朱印は、〝古くからの伝統〟と〝常識に囚われない革新〟が融合した非常に珍しいデザインになっています。行事ごとに頒布される期間限定御朱印などはありませんが、元旦にのみ、墨書きが金色になった特別版の御朱印を頂くこともできます。

最後に、ご住職の奥さまに御朱印に対する想いを伺うと、「私たちは毎日同じことをしていますが、御朱印帳を持ってお参りに来る方は、一生に一度の参拝になるかもしれません。それは心しておかなきゃいけないことですよね。だから、慣れっこにならないように、常に心を込めて書くことを意識しています」と話してくれました。

【塩地蔵】自分が治したい体の部分に塩をつけると、御利益があるといわれる塩地蔵尊。

【源覚寺絵馬】頒布されている「こんにゃくえんま」「毘沙門天」「塩地蔵」の絵馬。

常光山 源覚寺

〒112-0002　東京都文京区小石川2-23-14

【千葉県南房総市】

青龍山《せいりゅうざん》 能蔵院《のうぞういん》

MESSAGE

芸術的な5種の御朱印

仏さまの姿を現す美しき平筆使い

筆と平筆を巧みに操り、ときに炎のように激しく、ときに踊るような軽やかさで書かれた御朱印。青龍山能蔵院では、平筆で書かれた大日如来・地蔵菩薩、観世音菩薩、五大明王を表す梵字の御朱印と、筆で書かれた飯縄大権現、不動明王という5種類の御朱印を頂くことができます。

同院では、昭和30年代から御朱印の授与をはじめ、平成になって東国花の寺百ヶ寺巡礼の一寺院になったのを機に、現在のオリジナルデザインを考案。御朱印を書かれている現住職は、「通常の筆と平筆を操り、線の強弱、跳ね、かすれなど仏さまのお姿を現すべく力強さや優しさを意識し、目の奥に残るような朱印を心がけています」と話してくれました。

その言葉通り、5種類の御朱印はそれぞれに個性的で、筆の流れや墨の濃淡が仏さまの姿を想起させてくれます。力強さや繊細さが感じられる芸術的な墨書は、見るたびに違う印象を与えてくれるでしょう。ご住職が不在の際は、書き置きとなりますが、こちらも1枚1枚手書きされた世界でひとつの御朱印です。

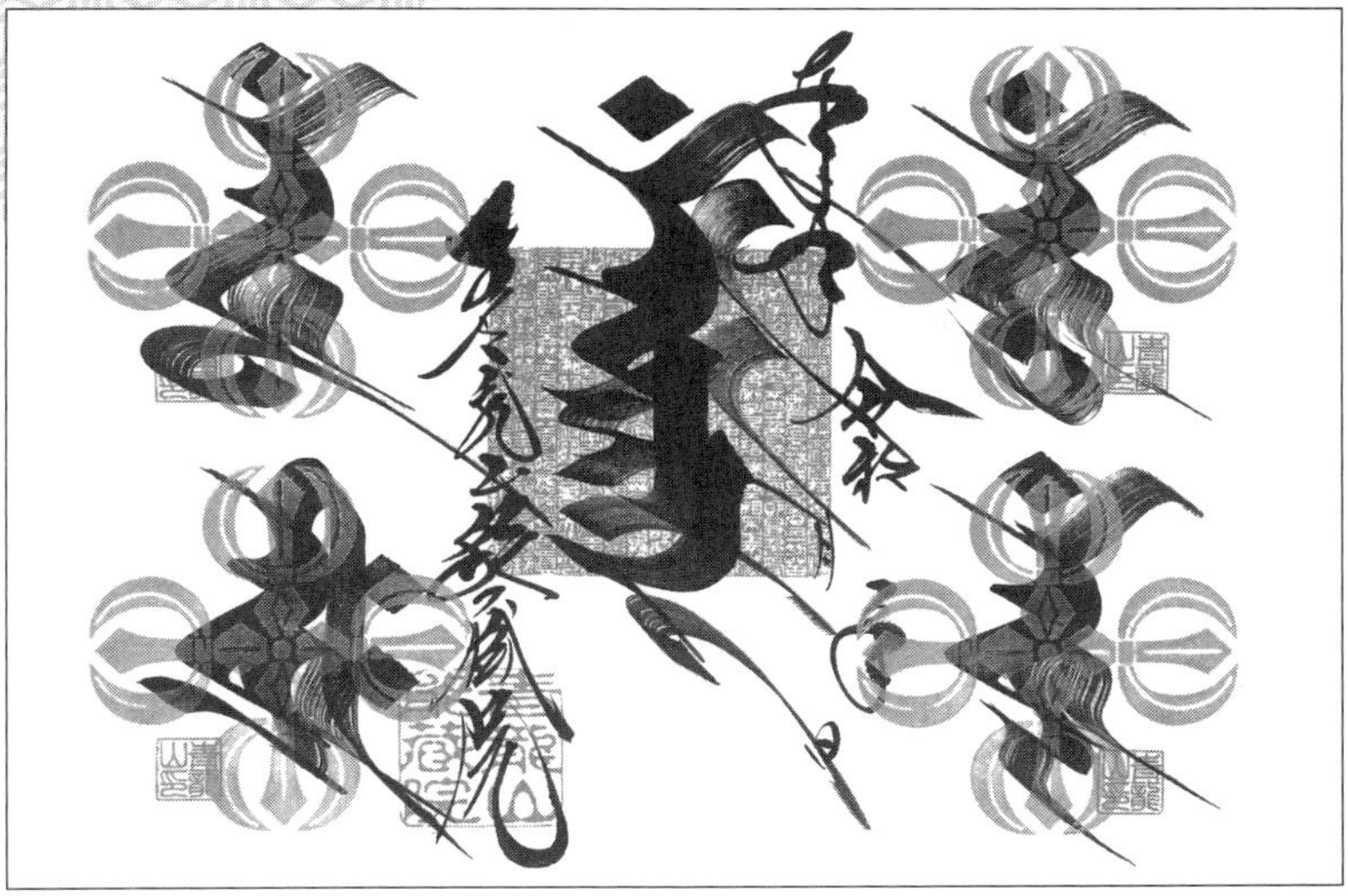

【五大明王(梵字)】不動明王を中心に降三世明王(右上)、軍荼利明王(右下)、大威徳明王(左下)、金剛夜叉明王(左上)を表す梵字の御朱印。筆の流れが感じられる独特な書体は平筆を用いて書かれています。

能蔵院の御朱印のオリジナリティを形成するもうひとつの重要な要素は、中央の印です。こちらは、東京都墨田区にある判子専門店『慶文堂』の三代目・増澤かんな氏より、護摩祈祷をご縁として奉納されたもの。6センチ四方の印判にびっしりと般若心経が刻まれています。驚きなのは、これが裸眼で、手彫りで作られた密刻印(細かいところまで綿密に刻まれた印)だということ。実際に朱印を目の当たりにすると、あまりの仕事の繊細さに息をのみます。

このように、能蔵院の御朱印には細部にまでこだわりが感じられますが、御朱印というのはあくまで参拝の証として授かるもの。コレクションとしての価値を競う芸術作品ではありません。ご住職に、「どのようなお気持ちで御朱印を書かれていますか?」と尋ねると、次のよ

能蔵院とは？

千葉県南房総市にある真言宗智山派の寺院。寺伝によると、現在地よりも1kmほど西の岱山にあった蓮台寺能蔵院が前身であり、1551（天文20）年に宗栄法印が現在地に移し、再建したとのこと。現在の本堂は2012年に新築されたもので、御本尊の地蔵菩薩が祀られています。

御朱印の真ん中に捺印されている密刻印には、般若心経272字が刻まれています。東京都にある慶文堂の三代目・増澤かんな氏による手彫りの印です。

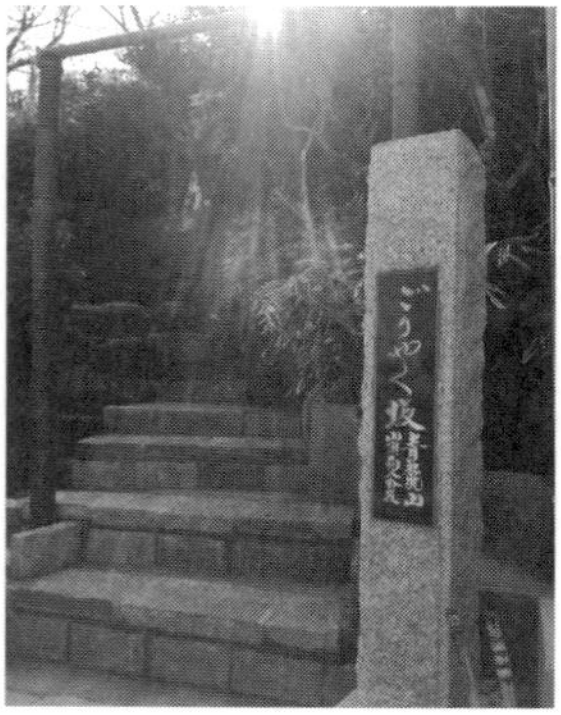

境内にある「ごりやく坂」。約80段の階段を登りきると、視界が開けて広大な房総の海を見渡すことができます。

うな答えが返ってきました。

「ご参拝の方々には、何か心に深い思いがあると感じております。ご自身のこと、ご家族のこと、大切に思う方のこと。御朱印めぐりを通して、ご参拝の方が大切な何かを見つけ、心に安楽を得ることができたら……きっとご家族や周囲の人々も安楽になる。より多くの方々と触れ合い、御朱印帳を手にしたご参拝の方々が、五感を通し喜びを感じていただけるような気持ちで浄書（清書のこと）しております」

美しく個性的な御朱印の裏に込められた、参拝者の安楽や喜びを願うご住職の想い。そういった想いに触れられることが、御朱印がもたらしてくれる真の価値なのではないでしょうか。

【不動明王】線の強弱や、勢いのある跳ねから、忿怒の表情をした不動明王の姿が浮かび上がるような御朱印。

【飯縄大権現】青龍山の修験本尊にあたる飯縄大権現の御朱印。力強い筆使いで、書き手の鼓動も感じられるような1枚。

【観世音菩薩(梵字)】観世音菩薩の御朱印。平筆を用いた梵字の美しいかすれ具合は、手書きならではの味わいです。

【大日如来・地蔵菩薩(梵字)】大日如来と地蔵菩薩を表す2つの梵字をひとつにまとめたオリジナルデザインの御朱印。

青龍山 能蔵院

〒295-0022 千葉県南房総市千倉町忽戸146
Tel:0470-44-0588

【兵庫県加西市】

祝融山《しゅくゆうざん》 多聞寺《たもんじ》

MESSAGE

後藤又兵衛の御朱印 参拝者からの提案から生まれた？

「後藤又兵衛の御朱印はありますか？」

そんな何気ない参拝者からのひと言が、多聞寺の御朱印を大きく変えました。

戦国時代から江戸時代にかけて活躍した武将・黒田官兵衛が率いた精鋭集団「黒田二十四騎」に名を連ね、大坂夏の陣では「大坂城五人衆」のひとりとして活躍した槍の名手・後藤又兵衛。大坂夏の陣における道明寺の戦いにおいて徳川の軍勢に立ち向かった彼は、孤軍のまま壮絶な戦いを繰り広げた末に命を落としました。その翌年の１６１６（元和２）年、又兵衛の三男にあたる佐太郎が釈迦牟尼仏《しゃかむにぶつ》を御本尊として、曹洞宗・多聞寺を建立。同時に又兵衛の位牌を本堂に奉安しました。

こうして又兵衛の菩提寺となった多聞寺ですが、交通の便が悪い立地にあり、決して参拝者が多い寺院ではなかったそうです。状況が一変したのは、２０１４年のこと。ＮＨＫの大河ドラマ『軍師官兵衛』に後藤又兵衛が登場することになり、多聞寺が雑誌や新聞、テレビで大きくとりあげられることになったのです。これを機に参拝者が増え、参拝者から冒頭の一言がかけられました。

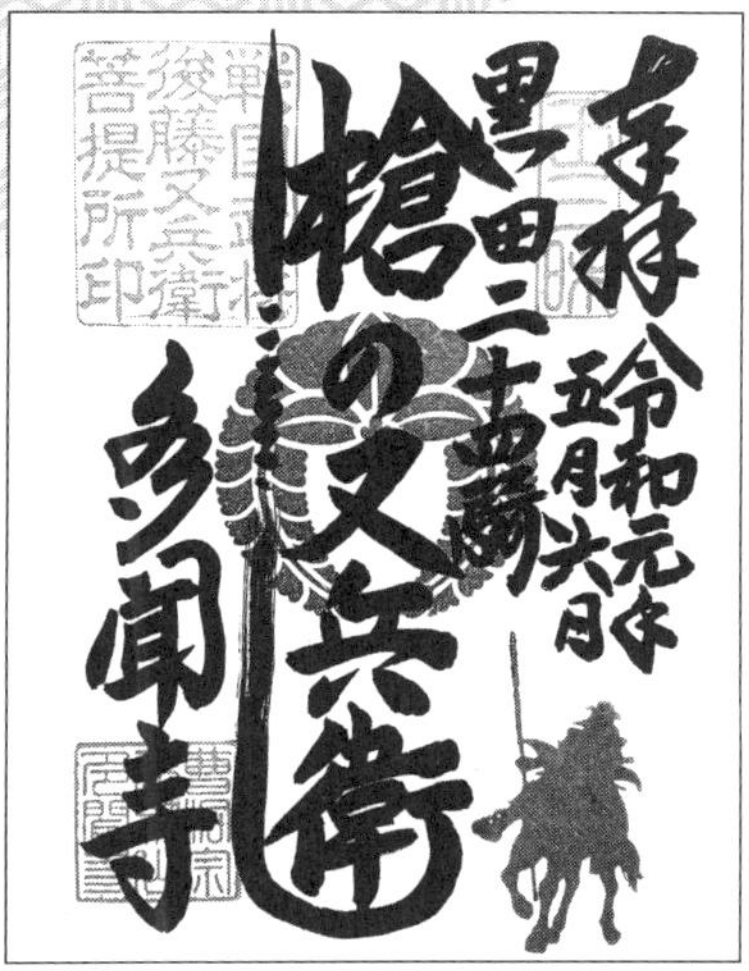

【槍の又兵衛御朱印】六尺（180cm）の背丈で十尺（3m）の槍を使いこなしていたことから「槍の又兵衛」と呼ばれていたことに由来する御朱印。

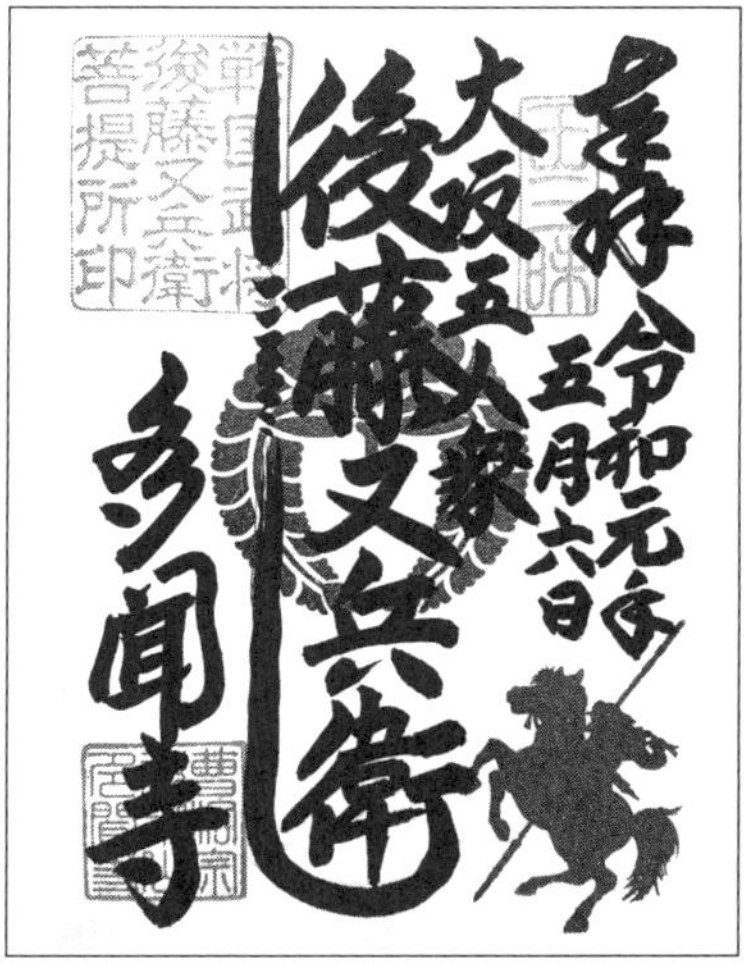

【後藤又兵衛御朱印】大坂夏の陣で活躍した「大坂五人衆」という肩書きと共に書かれた後藤又兵衛の御朱印。中央の印は、後藤家の家紋である「下り藤」。

当時、多聞寺では地域の霊場である「加西西国三十三ヶ所」の札所として「大悲殿」という墨書きの御朱印を授与していました。しかし、参拝者からのリクエストを受け、「後藤又兵衛菩提所」と書いた御朱印を授与。それ以降、「衛」の字を槍のようなデザインにしたり、後藤家の家紋である「下り藤」の押印を盛り込むなどの工夫を重ね、現在の御朱印ができあがりました。

多聞寺のご住職は御朱印を書くにあたって、「又兵衛基次公をお祀りする者として、常に遺徳を偲ぶ心で書かせていただく」という気持ちを大切にしているそうです。こうした意識を強くもったきっかけのひとつとして、次のような体験を語ってくれました。

「数年前に一度だけ檀家さんと西国三十三ヶ所を先達として巡礼したことがあります。各札所

多聞寺とは?

大坂夏の陣にて討ち死にした戦国武将・後藤又兵衛を弔うために、彼の一周忌にあたる1616(元和2)年に三男・佐太郎が建立した寺院。又兵衛の菩提寺であり、本堂には彼の位牌が奉安されています。古くから加西西国三十三ヶ所の16番札所としても親しまれており、千手千眼観世音菩薩が祀られています。

境内に描かれた「青海波」の砂紋。青海波は、無限に広がる波のように、「未来永劫に続く幸せへの願い」を意味しています。

【槍の又兵衛大屏風】挟み紙と同じく御歌頭氏のイラストが描かれた槍の又兵衛大屏風。見る者を圧倒するような迫力です。

を参拝し、御朱印を受ける経験もさせていただきました。掃除の行き届いた境内の美しい景観、そして達筆ですばらしい御朱印を拝受し、感銘を受けました。今では後藤又兵衛基次公のご縁に従って御朱印を書かせていただく立場です。西国巡礼の良き経験を生かし、交通に不便な田舎の小さなお寺ですが、ご来寺の方々に心を込めた御朱印を書き、境内の美を施す心を大切にし、『来て良かった』、『もう一度来てみたい』と思っていただきたい。また、SNSなどでご覧になられた方には『いつかは行ってみたい』と感じていただけるように、〝小さなおもてなし〟、そして〝和顔愛語〟の施しで精進して参りたいと思います」

【御朱印帳】多聞寺のオリジナル御朱印帳。毎年数量限定で作られているので、在庫がない場合もあります。

【はさみ紙(あて紙)】墨書きや朱印が隣のページに写らないようにするはさみ紙には、墨絵師・御歌頭氏のイラストが印刷されています。

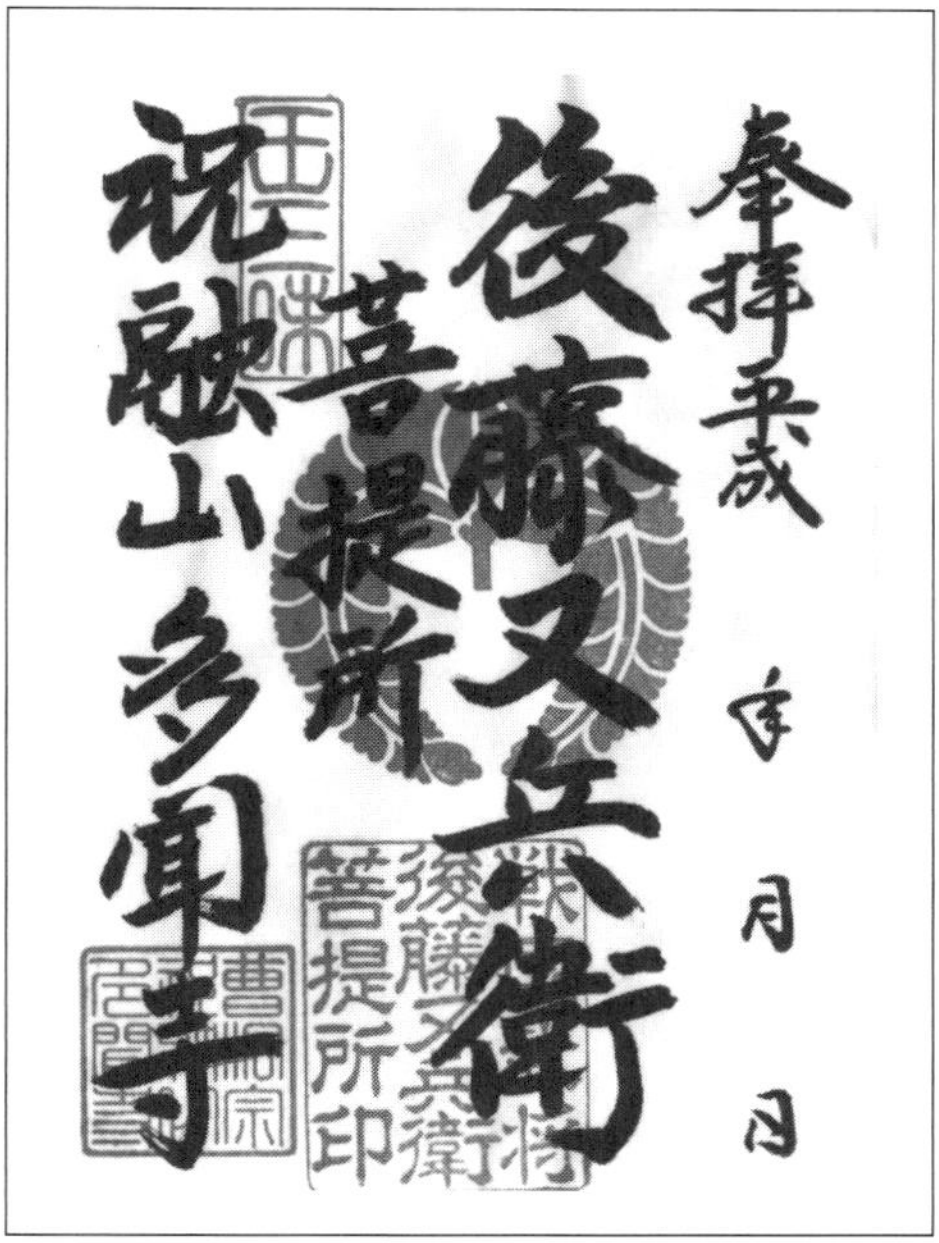

【初代御朱印】後藤又兵衛の名前を書き込んだ初代の御朱印。この頃はまだ、藤色の印や絵柄などはありません。

【御真牌】多聞寺の本堂に奉安されている後藤又兵衛の御真牌(位牌)。

西国三十三ヶ所を巡礼し、御朱印を頂く経験をしたからこそ芽生えた、書き手としての真摯な想い。多聞寺では、そうした想いがこもった御朱印と出会うことができます。

【ご住職からのお願い】
「お参りに出て不在の場合があります。私ひとりで対応しておりますので、『書き置き御朱印』は用意しておりますが、遠方からお越しになられて不在では申し訳なく、来られる際は一度御連絡いただいてからの方が間違いないかと思います」

祝融山 多聞寺
〒675-2242
兵庫県加西市尾崎町288

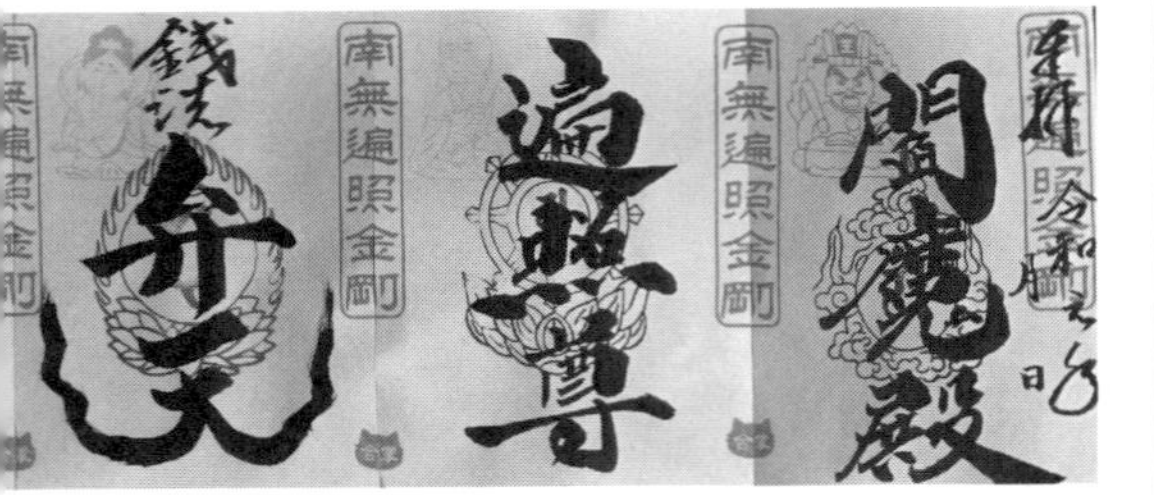

【栃木県下野市】

下野大師華蔵寺《しもつけだいしけぞうじ》

MESSAGE

猫保護応援御朱印 単体授与はしていない理由とは？

下野大師華蔵寺は、栃木県下野市にある真言宗の寺院です。正式名称は「下野大師《しもつけだいし》 児栄山《じえいざん》 実勝院《じっしょういん》 華蔵寺《けぞうじ》」。児栄山は、「子が栄える」という意味で、子宝や安産のご利益があるとされています。実勝院は、「勝ち実る」という意味。勝ち運や勝負、試験などに対するご利益があるそうです。

華蔵寺の御本尊は、大日如来です。これに不動明王（厄除け、交通安全）、歓喜天（夫婦円満、良縁成就）、薬師如来（身体健全）を加えた4体が同院の主な仏さま。それぞれ単体で御朱印を頂くこともできますが、4つ同時に頂く場合には、ページとページの間に「合掌」と書かれた猫型の割印を押してもらうことができます。よく見ると、夫婦円満や良縁成就を司る歓喜天（聖天）の墨書きは、「聖」の「口」の

【脇仏御朱印】閻魔殿、遍照尊、銭洗弁天、地蔵、呆封観音、撫大黒という下野大師に祀られている仏さまに、猫保護応援の朱印が加えられたもの。

部分を「♥」に変えて書かれていることにも気がつきます（P67参照）。「書体には遊び心を取り入れている」というご住職の言葉が示すように、初心者にも親しみやすい御朱印だといえるでしょう。

境内の入り口には、紅白のおめでたい招き猫が鎮座しています。猫は仏教と非常に関わりが深く、日本に仏教が伝来するためには、なくてはならない動物だったともいわれています。なぜかといえば、猫がネズミから経典などの書物を守るために必要な動物だったからです。

実際、遣唐使船には、ネズミ対策として猫が乗せられていました。書物をかじって穴を開けてしまうネズミは、遣唐使にとっての天敵だったのです。もし、猫がいなければ、日本に仏教は伝来していなかったかもしれません。そうした背景もあって、下野大師には招き猫や猫型の割印のほかに、「にゃんにゃん堂」という建物があり、可愛らしい保護猫たちと会うことができます。

さらには、猫の保護応援のための御朱印もあります。丸まった猫の尻尾を想起させるデザインの「猫神」という墨書きは、他にはないユニークな御朱印です。ただし、「猫は仏さまではない」との理由から、

下野大師とは?

1282(弘安5)年創建の古寺。1334(建武元)年に児山城主総祈願所となる。弘法大師の教えを基に祈願祈祷供養を行なう真言宗の密教寺院で、大日如来を御本尊としています。滝行などの体験修行、ペット供養、樹木葬なども執り行なっています。

境内の入り口には、赤と白の巨大な招き猫が鎮座しています。境内には、可愛らしい猫と出会える「にゃんにゃん堂」もあります。

猫の保護応援御朱印を単体で頂くことはできません。先ほど紹介した四体の仏さまが並んでいる御朱印、もしくは、閻魔殿、遍照尊、銭洗弁天、地蔵、呆封観音、撫大黒からなる脇仏朱印とセットでのみ頂くことができます。

こうしたユニークな取り組みを続けていることから、参拝者の方に「今後、新しい御朱印が増えることはないのですか?」と聞かれることもあるとか。これについてご住職は、「当山としては、『楽しみをもってご参拝していただけたら』との想いで、少しずつ種類を増やしていって、今のように種類豊富な御朱印ができました。御朱印はスタンプラリーではなく、あくまで参拝の証であるという

【通常御朱印】大日如来、不動明王、聖天、瑠璃光という仏さま四体の四面御朱印。それぞれの間には割印が押されています。

【月曜限定御詠歌御朱印】月曜日にしか授与していないという全国的に見ても珍しい御朱印。見開きで頂くことができます。

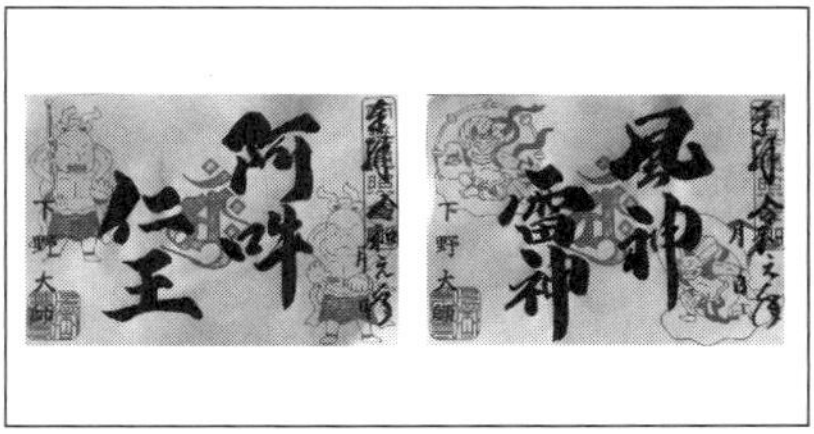

【平日御朱印】平日にのみ頂くことができる御朱印。火・水曜日は阿吽仁王、木・金曜日は風神雷神のデザイン。

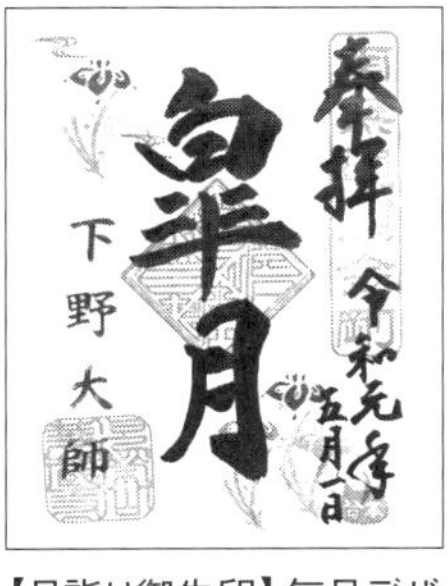

【月詣り御朱印】毎月デザインが異なる月詣り朱印。境内で見頃を迎える植物や季節の行事などが描かれます。

姿勢は崩さず、今後も参拝者のご期待に応えられるようなオリジナリティのある御朱印を授与していきたいと思います」と答えてくれました。新たなユニークな御朱印と出会えることに期待したいと思います。

下野大師華蔵寺
〒329-0502
栃木県下野市下古山928-1

【群馬県高崎市】

少林山《じょうりんざん》 達磨寺《だるまじ》

MESSAGE

納経印としての御朱印

その場で十文字の写経をする

もともとは写経を納めた証として授与されていた御朱印が、参拝の証として頒布されることが一般化した現在。そんな時代にあっても、「当山では御朱印は納経印であり、必ず納経していただいた方に差し上げるものと捉えています」というスタンスを守り続けているのが、群馬県高崎市にある達磨寺です。こうした姿勢を貫く背景には、果たしてどのような想いがあるのでしょうか？

「御朱印はあくまでも写経を納経した証明印です。ですから、『御朱印が欲しい』、『たくさん変わった御朱印を集めたい』という思いばかりでコレクターや御朱印マニアにならないようにしていただきたいと思っています。『欲しい』という言葉は、まさに『欲』です。本来、お寺や神社はその欲の心を除く処、清める処のはずです。清らかな心でお参りし、ありがとうございましたと感謝を捧げることによって神社仏閣の参拝が成り立つことを理解し、その気持ちを大切にしていただきたいと思います」

このような考えから、達磨寺では参拝のみでの御朱印の授与は行なっていません。前もって般若心経や観音経を写経してきたものを持参するか、参拝時に「摩訶《まか》般若《はんにゃ》波羅蜜多《はらみった》心経《しんきょう》」の十文字を写

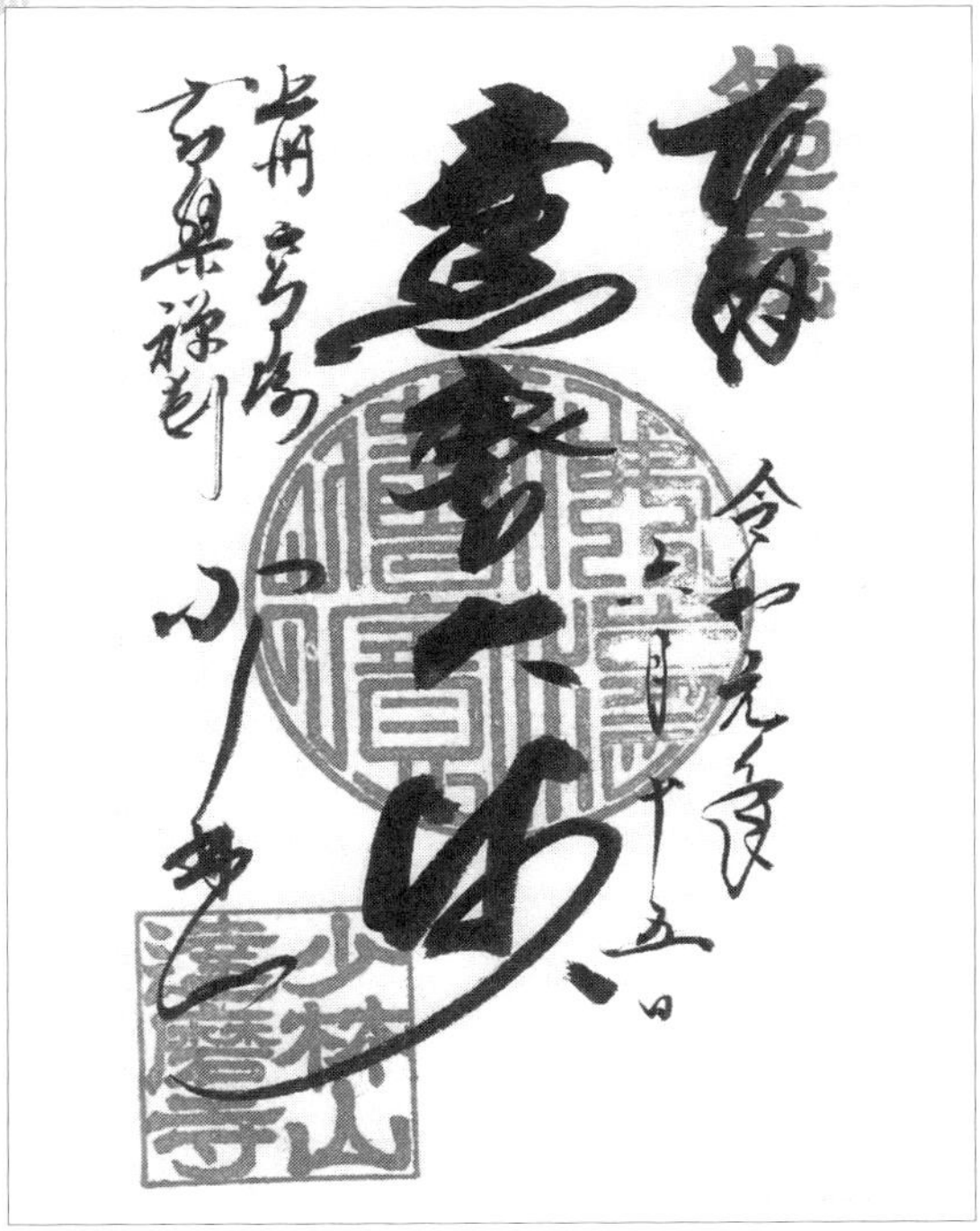

【納経印】写経を納めた証明印として頂くことができる御朱印。中央には「達磨大師」という力強い墨書きと、三宝印が押されています。

経し、願い事と名前と日にちを記入したものを納めて参拝します。参拝後には、お寺の方がお経（消災呪）を唱えてから参拝者の名前を読み上げ、願い事を祈願してくれます。同時に、なぜ納経するのかを丁寧に説明してもらい、「確かに今日、達磨大師に対してお経を納め、祈願しました」という意味を込めて、御朱印を書いていただくことになります。

こうした手順で御朱印を頒布することについて、お寺の方は、「本来の納経というものを知っていただく好機にしていただこうと考えています」と説明してくださいました。その背景については、「何百年もの間、お経を納めた証明印としてお出ししていたものが、参拝記念のスタ

達磨寺とは?

その昔、大洪水によって流れてきた大木で、一了行者《いちりょうぎょうしゃ》が達磨大師の像を彫って安置したことを起源とする寺院。天明の飢饉のあとには、同寺の東嶽和尚が達磨大師の木型を作り、農民救済のために農家の副業として張り子のだるまを作らせました。これが評判となり、現在も縁起だるまの寺院として知られています。

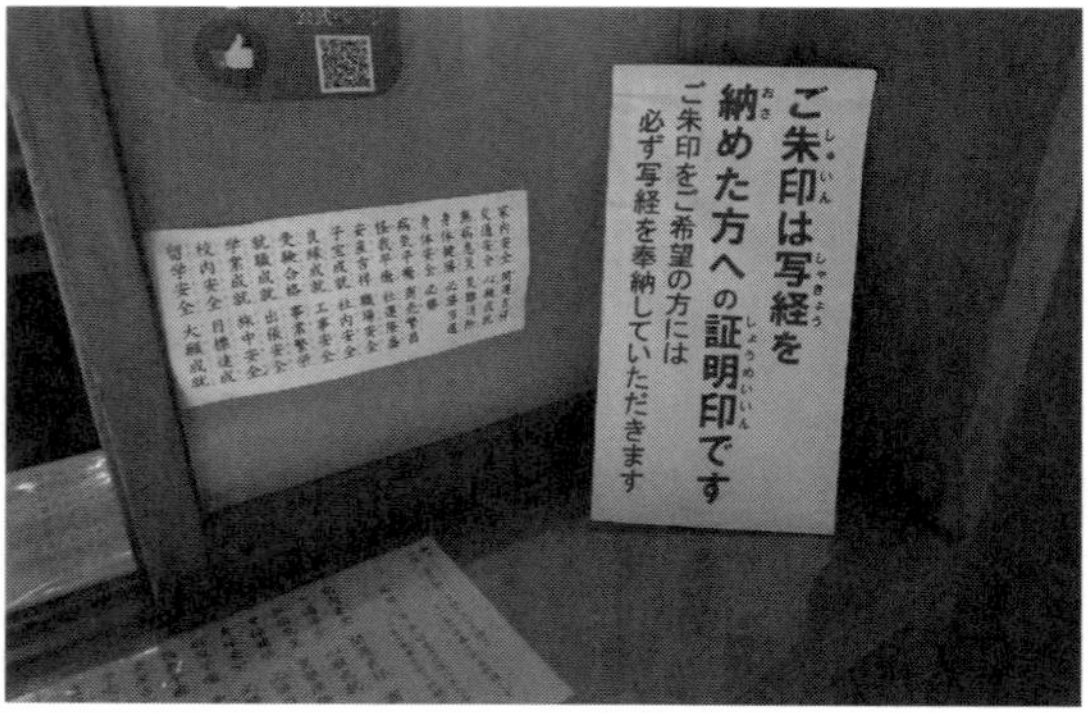

【注意書き】御朱印の頒布に関する注意書き。達磨寺では参拝の証ではなく、本来の意味である納経の証として御朱印が授与されています。その場で写経することもできます。

ンプになり下がってしまったところを少しでも本来の形に戻していただけたらと微力ながら活動しています」と仰っています。このような取り組みは、御朱印めぐりを楽しみとする多くの人にとって、その意味を考え直す機会になるでしょう。

実際、達磨寺で御朱印を受けた人からは、「十文字写経しただけで心を落ち着けることができ、いい経験ができた」と喜ばれることが増えたとか。それに伴って、正式な写経の納経も多くなってきているそうです。写経を行なっているときはお経と真剣に向き合うことになるので、目の前のことだけに集中している感覚が得られます。そうすることで余計な

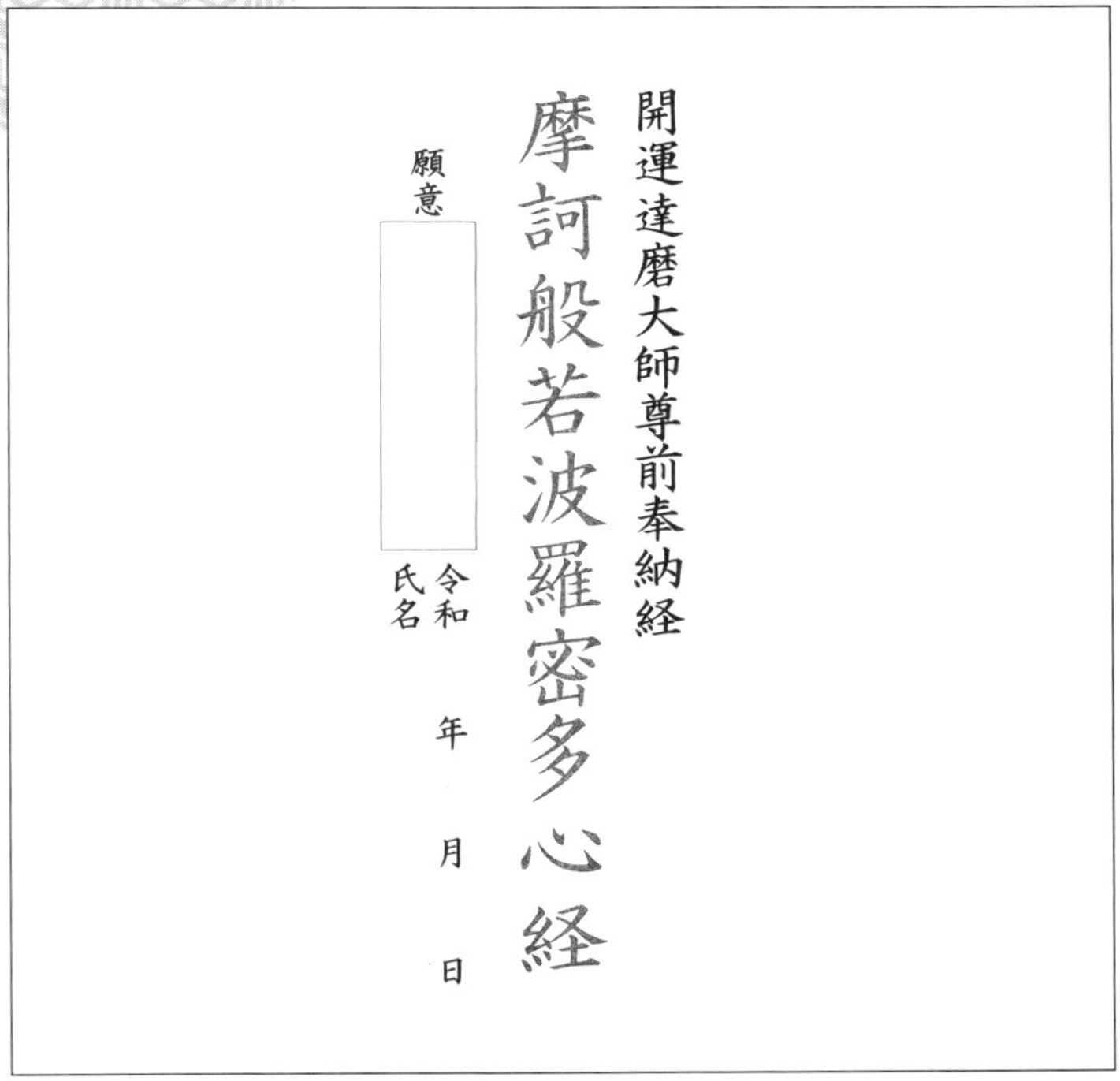
開運達磨大師尊前奉納経
摩訶般若波羅蜜多心経
令和　年　月　日
願意
氏名

【十文字写経】達磨寺に用意されている十文字写経。写経を持参していない場合は、お参りの際に「摩訶般若波羅蜜多心経」の十文字を写経して納めます。

考えが頭から取り払われ、書き終えたときには心と体がスッキリしていることに気がつくのです。

「若い方々が写経の良さに目覚めて納経してくださるのはうれしいことです。これによってご自宅で写経する方々が増え、その調和の取れた心がご自身だけでなく自然に家庭の中にも、また地域の中にも広まっていくことを願うばかりです」というように、写経を習慣化することは自分自身に対してはもちろんのこと、周りの人たちとの関わりにも穏やかさをもたらしてくれるはずです。そういう実感を得られると、写経は御朱印を頂くためではなく、心身の調和を保つための行動となっていくのでしょう。

お寺の方は、「先日、小さいお嬢さんが『和尚さん御朱印ちょうだい』とお金を差し出して求めてきました。何もわからぬ子どもに、御朱印はお金で買えるものだと教える大人がいることも驚きです」というエピソードも話してくれました。昨今の御朱印めぐりの盛り上がりによる弊害を物語っているようにも思えます。

達磨寺では、「300円、500円などと授与料を決めるから、御朱印を物品として見る傾向が出てしまう」と考え、御朱印の授与料の設定をせずに、お布施を頂くというかたちをとっています。これもまた、参拝者に対して「御朱印とは何であるか」を問いかけるきっかけになるはずです。

【納経帳】納経の証に御朱印をいただける達磨寺では、御朱印帳ではなく金色の表紙が印象的なオリジナルの納経帳が用意されています。

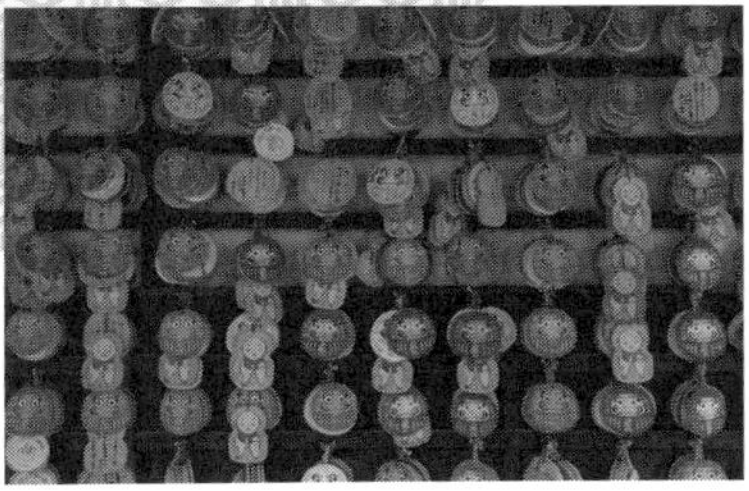

【達磨絵馬】開運吉祥や家内安全、目標達成、選挙必勝等の御利益があるとされる達磨絵馬。

【境内の達磨】境内には、願いが叶った証として両目が入れられた達磨が数多く奉納されています。

【鐘楼】総門をくぐった先の大石段にある「招福の鐘」は、参拝者が自由に撞《つ》くことができます。

少林山 達磨寺

〒370-0868　群馬県高崎市鼻高町296

Column.02

菊池洋明の推し御朱印

これがすごい!

古峯神社

〒322-0101
栃木県鹿沼市草久3027
主祭神：日本武尊

御朱印を集めている人のなかでは知らない人はいないといっても過言ではない、圧倒的なインパクトを持つ古峯神社の天狗の絵入り見開き御朱印です。絵柄が異なる二十数種類の多様な天狗の御朱印が授与されています。そのなかでも特異なすごみをもつ絵柄が、ダイナミックかつ1本1本の毛まで表現された繊細な筆さばきで描かれた烏天狗の御朱印です。烏天狗のもつ力強さと親しみやすさが見事に表現されています。手書きの御朱印を頂きたい場合は、必ず御朱印帳を持参する必要があります。

古峯神社とは?

栃木県の山深い場所にある古峯ヶ原に日本武尊を御祭神として鎮座し、日光山を開いた勝道上人の修行の地となるなど、千余年の長きにわたる歴史をもつ神社です。御朱印にも描かれている天狗は、御祭神の使いとして災難が起こった時に飛翔して災厄を取り除いてくれる威力の持ち主として、御祭神とともに祀られている天狗信仰の神社でもあります。広大な境内は清浄な空気がみなぎり、まさに神域という雰囲気に包まれています。

第3章

詳しく教えて!

御朱印に込められたメッセージ

神社編

どうしてこの御朱印なのですか?

お寺だけでなく神社でも頂ける御朱印ですが、平成から令和へと元号が変わる際、さまざまなニュースが報じられました。「授与する側もされる側も気持ちよくやりとりをしたい」という想いも含めて、8社の神社に御朱印に対する気持ちを聞いてきました。

【東京都港区新橋】

烏森神社《からすもりじんじゃ》

MESSAGE

カラフル御朱印　多くの色をとり入れた理由とは？

昼夜問わず人通りが絶えない新橋の大通りから少し入った場所に鎮座する烏森神社。創建の歴史は平安時代にまで遡る古社で、1000年以上に渡って同地域を見守ってきました。

特徴的なコンクリート造りの社殿は、1971（昭和46）年に造営されたもの。このあたり一帯が防火地域に指定されており、木造建築物を建てるためには国の許可が必要だったため、コンクリート製の社殿が建てられました。

「都会の真ん中にコンクリートの神社というのは、少し寂しい気がしまして。こうした環境でも、参拝者の方に安らぎを感じていただくために、〝色の効果〟を使ってみようと思ったんです」

そんな話を聞かせてくれたのは同社の宮司さん。コンクリートに囲まれた都会の中でも心安らぐ時間を過ごしていただきたいとの想いから、赤（恋愛・良縁）、黄（金運・幸運・商売）、青（厄祓《やくばらい》・仕事学業）、緑（健康家庭）と、願い事によって色を分けた『心願色みくじ』を作られたそうです。これが評判となり、御朱印にもカラフルな印を用いるというアイデアが生まれました。

【平成結びの御朱印】烏森神社の代名詞にもなっているカラフル御朱印。赤、青、黄色、緑という4色の巴の紋と、神社名にもなっている烏の朱印があしらわれています。

当時のことについて、宮司さんは「御朱印といえば、墨と朱印だけというのが当たり前だったので、最初はカラフルな色を使うことに迷いがありました。しかし、調べてみると過去に御朱印に青や緑が使われているというケースもあることがわかりました。さすがに4色も使ったものはありませんでしたが、御朱印にカラーを用いることは邪道ではないとわかったのです」と振り返ってくれました。そして、今から13年ほど前に、他に類を見ないカラフルな御朱印が誕生したのです。

こうした取り組みによって、烏森神社の参拝者は徐々に増加。追随するように他の寺社でも、さまざまな色を用いたカラフルな御朱印を授与するところが増えてきたの

烏森神社とは?

940（天慶3）年に、東国で平将門が乱を起こした際、鎮守将軍・藤原秀郷が武州のある稲荷に戦勝を祈願したところ、白狐が現れて白羽の矢を与えました。その矢によって速やかに乱を鎮められたことに感謝した秀郷が、白狐のお告げを受けて社を創建したのが烏森神社の起源とされています。

境内の社務所では御朱印以外にも、開運、長寿、心願成就などのお守りや、護符などを頂くことができます。

参拝者の増加に伴い、烏森神社では書き置きの御朱印を授与していますが、月に数日は持参した御朱印帳に直接お書き入れしてもらうことができます。

です。

「御朱印のイメージを変えて、とにかく神社に来てもらいたいと思っていたので、今の盛り上がりは純粋にうれしいです。お参りの方が増えれば、地域が活性化しますし、それによって地元の方々が氏神さまを誇りに思ってもらえればというのが当初の目的でした。ここまでくるのに本当は30年くらいかかると思っていましたが、インターネットやSNSが普及してくれたおかげで、想像よりも早く広まっていってくれました。他社でも、個性的な御朱印で参拝者の方が増えていき、神社が多くの人にとって身近な存在になってくれたらうれしいですね」

烏森神社の取り組みとして、もうひと

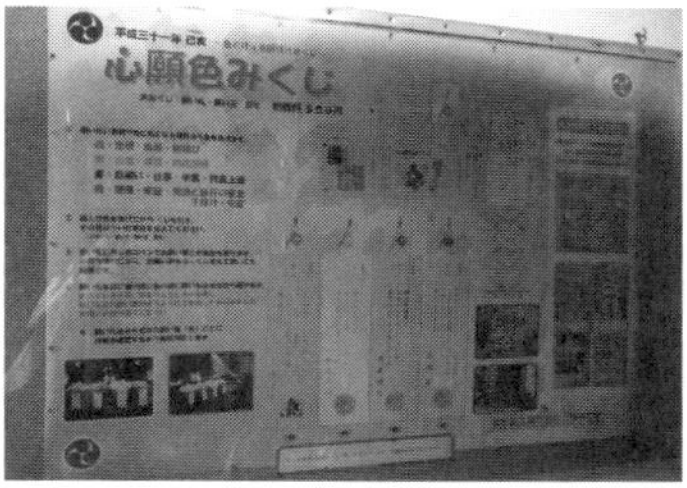

【心願色みくじ】カラフル御朱印誕生のきっかけとなった心願色みくじ。願い札に同じ色のペンでお願い事をゆっくり考えて書きます。

つ忘れてはいけないのが季節限定の御朱印です。同社では、正月や節分、ひなまつりなどの行事に合わせて限定の御朱印が授与されます。限定御朱印を始めた経緯について、宮司さんは次のように説明してくれました。

「次々と新しいものが生まれる時代の中では、古い行事が廃れていくということが起こり得ます。そうした古い行事を守っていくためには、神社が率先してやっていくべきだと思っています。そこで思いついたのが季節限定の御朱印でした。行事ごとの御朱印を作って発信し、たくさんの人に興味をもっていただくことは、行事そのものの盛り上がりにつながるはずだと考えています」

カラフルな御朱印をきっかけに参拝者が急増した烏森神社ですが、最近は新たな課題に直面しているといいます。それは、参拝者の増加に伴って、1枚1枚の書き入れができなくなってきたということ。本来ならば一人一人と向き合いながら心を込めて書き入れをしたいという気持ちがあるものの、少ない人数で対応するのは困難で、書き置きにならざるを得ないというジレンマを抱えているそうです。

現在、烏森神社の御朱印は書き置きがメインになっていますが、月に数日間だけ書き入れが行なわれています。「どうしても手書きの御朱印がほしい」という方は、神社のホームページから書き入れの日程をチェックしてみてください。もし

【さまざまな限定御朱印】正月、例大祭、ひなまつり、夏越大祓《なごしのおおはらえ》など、烏森神社では年間行事ごとに、期間限定のカラフルな御朱印が授与されています。素敵な色づかいは巻頭カラーページでお楽しみください。

もスケジュールが合わず、御朱印を頂けなかったとしても心を乱してはいけません。「残念ながら縁がなかった……」と納得することも大切です。御朱印を頂けない場合があるからこそ、頂けたときの喜びがより大きなものになるのだと私は思います。

烏森神社

〒105-0004
東京都港区新橋2-15-5

【東京都足立区江北】

江北氷川神社《こうほくひかわじんじゃ》

MESSAGE

自筆短歌御朱印
女性の名誉宮司の苦難とある出会い

境内の規模はそう大きくはないものの、地域の総鎮守社としての厳かな雰囲気を持ち、古くから東京都足立区西部一帯の人々から信奉を得てきた江北氷川神社。現在、この神社は、女性の名誉宮司による毎年異なる短歌が書かれた見開き御朱印を頂ける神社として、参拝者が急増しています。最近の御朱印人気により、直筆ではなく印刷された御朱印で対応する寺社も増えているなか、すべて名誉宮司ご本人により書かれたものだというのもすごいところ。本書制作が佳境を迎える令和元年5月下旬、全国的にも珍しい短歌の見開き御朱印の誕生に関する謎を紐解くべく、江北氷川神社を参拝してきました。

30年以上の宮司経験者しかなることができず、女性では現在、東京都内でただひとりであるという名誉宮司の八木冨美子さん。八木さん自作の短歌の御朱印が授与され始めたのは、まだ見開き御朱印自体が少なかった10年ほど前にさかのぼるといいます。短歌の御朱印誕生には、八木さん自身が直面した人生の大きな苦難、そしてあるひとりの参拝者との出会いが隠されていました。

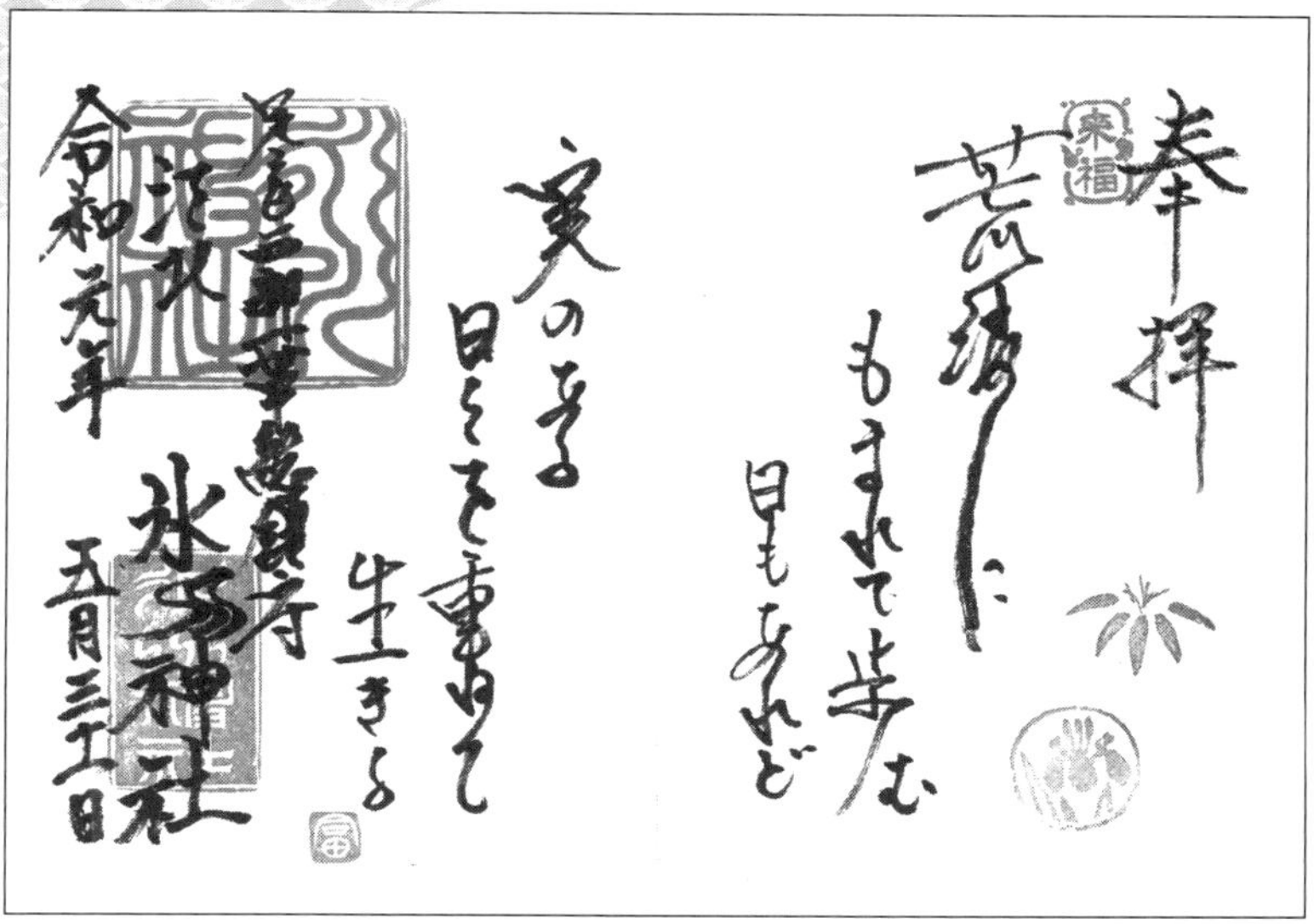

【2019年御朱印】毎年、書かれる短歌が変わる江北氷川神社の御朱印。こちらは2019年版で、「荒波にもまれて歩む日もあれど実のある日々を重ねて生きる」と書かれています。

「今から30年以上前、当時宮司をしていた私の夫が、41歳の若さで脳溢血により突然他界してしまいました」

それは、現在宮司を務めている長男・健一郎さんが、まだ11歳のときの出来事でした。あまりにも突然の訃報に、八木さんはうちひしがれ、毎日眠れない夜が続いたそうです。

「周りの人からは、『時間が解決するよ』という言葉をかけられました。今でこそ、その意味を実感できますが、当時はなんて薄っぺらな言葉だろうと感じていました」

そのような悲痛な状況のなか、夜に寝ようとしているときに、自らを励ますための言葉が頭に浮かんでくるようになったといいます。

「頭に浮かんできて、これはいい言葉だと思っていても、朝になるとその言葉を忘れてしまっ

江北氷川神社とは?

荒川沿いに位置し、湖沼地帯であったこの地域では、昔から治水の守護神として素戔《すさの》嗚尊《おのみこと》を奉仕していました。その後、村落ができることでこの神社が創建されたといわれています。今でも足立区西部一帯の総鎮守として、地元の人々から愛される神社であり続けています。「神社とは今を生きている人たちのもの」というお考えから、時代にあったさまざまな御守りを授与されていることでも有名です。

ている。そんなことが続いてから、思い浮かんだ言葉をノートに書きつけるようにしたんです」

ノートには達筆な墨書きで短歌がいくつも書き記されていき、これが現在の短歌の御朱印のベースとなったのです。そして、短歌の御朱印誕生にはもうひとつ、ある参拝者との出会いがありました。

当時、八木さんは神職の資格こそ持っていたものの、そのままでは宮司になることができませんでした。夫の後任として他に宮司になる人がいないなか、八木さんは自らが宮司になるべく39歳にして國學院大学神道学部に入学。神道の勉学に励み、その後、当時はまだ珍しかった女性宮司となったのです。

「男性が重視される傾向が強い神道の世界で、女性が宮司を務めることは想像以上に苦労が多いものでした」

神事のために訪れた場所で、女性であることを理由に依頼者から神事の執り行ないを拒否されたこともあったそうです。それでも、八木さんは宮司としての経験と実績を着実に積み重ねていき、地域の人々との信頼関係を時間をかけて築いていきました。

現在、宮司を務める健一郎さんの手で押印していただきました。江北氷川神社は、他の神社に比べて多くの朱印が押されます。

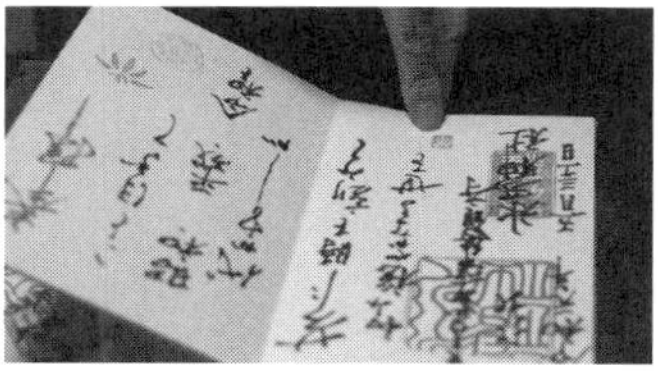

名誉宮司のお名前の押印。冨美子の「冨」が押されています。本人が書いたというサインに近い私印だそうです。

本書のために御朱印を書いている名誉宮司の八木冨美子さん。穏やかな表情で書かれる姿が印書的でした。

そして、夫との死別から20年以上が経った今から10年ほど前のある日。親しくしていた参拝者から、御朱印とともに『何か言葉を書いていただけないか』と希望されたのです。それが現在の短歌の御朱印誕生へとつながる直接のきっかけでした。

「それまでは御朱印自体を書いていなかったのですが、お詣りに来てくださった方に喜んでいただけるなら、という気持ちで当時のノートに書き記してあった短歌の一首を御朱印として書いたんです。そのときに書いたのが、『目に見えぬ　糸をたぐりて一心に　あゆむ現世（うつつよ）心やすらに』という短歌で、世の中を一生懸命に歩んでいくうえで、心が安らかであって欲しいという願いを表わした言葉でした」

御朱印を受けたその参拝者は短歌の言葉に大

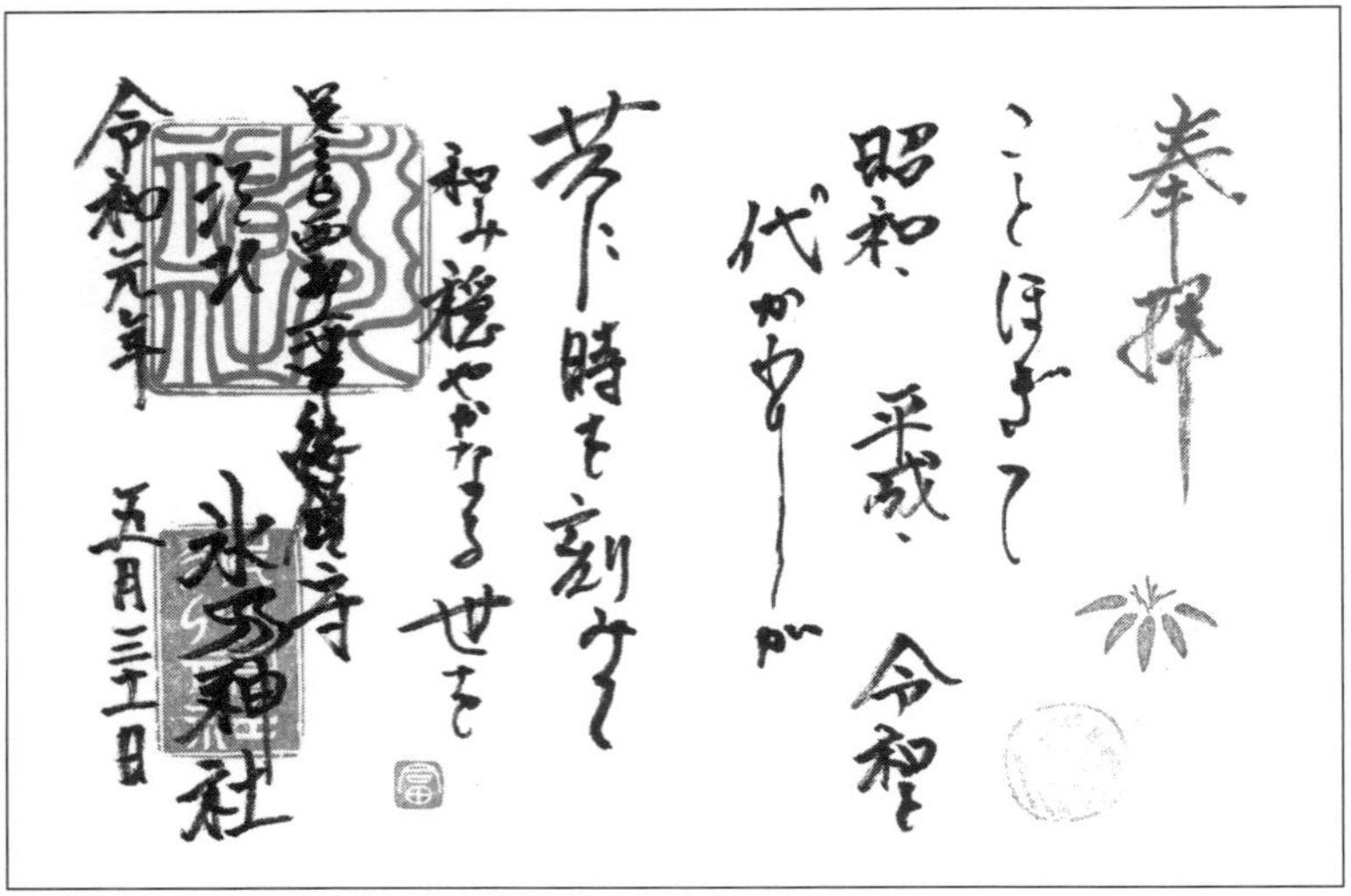

【新元号記念御朱印】普段は1年に1種類のみを授与されていますが、2019年は令和へと元号が変わった記念すべき年となったため、別バージョンの御朱印もつくられました。「ことほぎて昭和・平成・令和と代かわりしが共に時を刻みて和み穏やかなる世を」と書かれています。

変感激し、それを見た八木さんは以後、他の参拝者にも短歌の御朱印を書くことにしたそうです。八木さんの深い人生経験から紡がれた短歌の御朱印は、多くの参拝者にとても喜ばれ、徐々に世に知られるようになっていきました。メディアなどにも取り上げられ、短歌の御朱印が有名になった現在では、日本全国各地から参拝者が来るといい、なかには海外から来る方もいるといいます。

「御朱印を希望されるすべての方に差し上げたいと思っています。そして、参拝いただいた方への感謝の気持ちとして、すべて直筆で書いています。親指のところが腱鞘炎みたいになり、氷で冷やしながら書くこともありますが……(笑)。言葉に共感していただけるとうれしいですし、とてもありがたいと思っています」

【御朱印帳】かつてワシントンに贈られた荒川五色桜が刻まれた御朱印帳。オレンジと青と緑の3種類があります。

【豊富な御守り】参拝者の声から宮司である健一郎さんが自ら考案した御守りがたくさんあります。

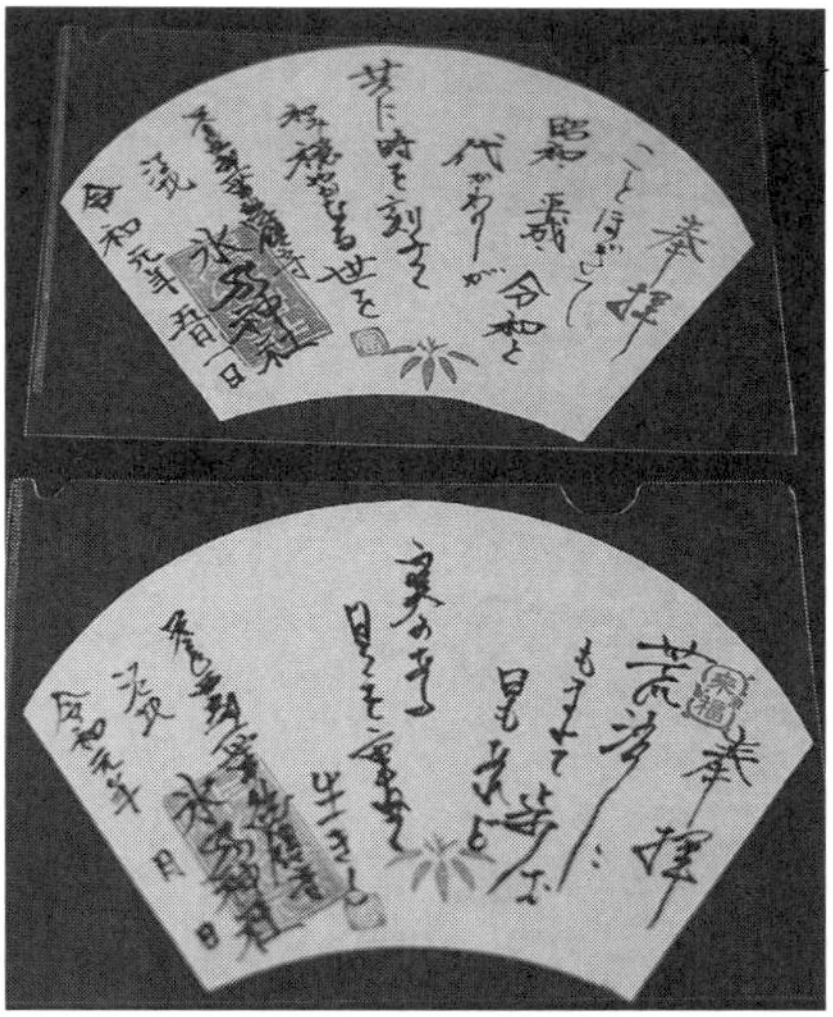

【書き置き御朱印】直接お書き入れができないときのための書き置き御朱印。かわいらしい扇形というのもうれしいですね。

【諏訪神社御神体】末社である諏訪神社には、石の御神体がむきだしで置かれています。全国的に見ても珍しい光景だそうです。

八木さんが紡ぐ穏やかな優しさと強さを感じさせる短歌の御朱印は、人生の苦難を乗り越える過程で八木さん自身を勇気づける言葉として生まれ、参拝者との出会いから多くの人を勇気づける御朱印へと昇華していったものだったのです。

江北氷川神社

〒123-0872
東京都足立区江北2-43-8

【東京都北区滝野川】

瀧《たき》野《の》川《がわ》八幡《はちまん》神《じん》社《じゃ》

MESSAGE

勝利のビクトリー御朱印
好きな1字を入れることも

御朱印の中央でひときわ強い存在感を放つ金のVマークと、それに寄り添うように書かれたV字形の墨書き。応神天皇を御祭神とし、勝運や仕事運の御利益で知られる瀧野川八幡神社の御朱印は、この2つのVでビクトリー（勝利）と、ピース（平和）を表しています。

この御朱印を考案したのは、現在の宮司さん。3年前までは書き置きの御朱印を授与していましたが、現宮司さんの赴任に伴い書き入れの御朱印を始められたとのことです。このユニークなデザインと、御朱印に込められた勝利・平和への願いがインターネットなどを通じて話題となり、多くの参拝者が訪れるようになったそうです。

また、瀧野川八幡神社では、他にはない珍しい御朱印を頂くこともできます。それが、御朱印に好きな1文字を書いていただけるというもの。偶数月の15日に限り、通常はVマークが描かれる部分に、参拝者の好きな1文字を書き入れていただけるのです。自分の名前の字や、好きなもの、いつも心に留めている1字など、さまざまなリクエストに応えてくださいます。

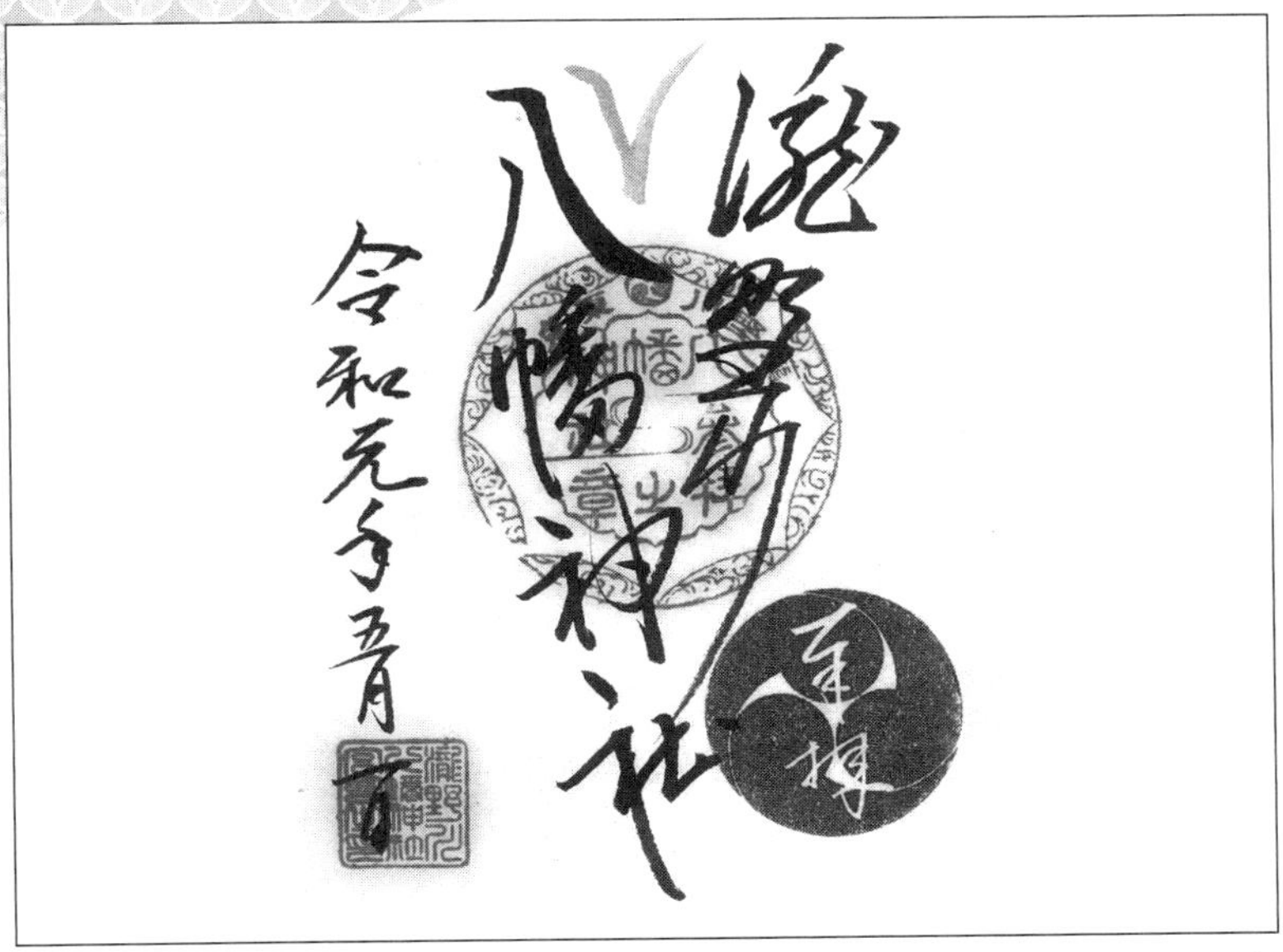

【通常御朱印】勝運や仕事運の御利益で知られていることから、金のVマークが描かれた御朱印。瀧野川と八幡神社という文字もV字を描いています。

「最近では、白血病に罹患していることを告白した、水泳の池江璃花子選手の病気平癒を願い、『璃』の字を書いてくださいとおっしゃる参拝者の方が何人かおられました。その優しさには、感銘を受けました」

誰かを想って神社に参拝すること、そのアクションを御朱印という形で頂くこと。それはきっと、忘れられない体験になるのではないでしょうか。この他にも、誕生月にお参りの方には、希望があれば「誕生日おめでとう」の印を押印していただくこともできるとか。

御朱印について、「どなたがご覧になられても、綺麗で丁寧に書かれたものと思えるよう、心を込めてお書きしています」と語ってくれた宮司さん。ただし、お書き入れは宮司さんがひとりで対応されているので、場合に

瀧野川八幡神社とは?

品陀和気命《ほんだわけのみこと》（応神天皇）を主祭神として、東京都北区滝野川に鎮座する神社。旧滝野川村の鎮守で、古くから「滝野川八幡さま」と称され、地域から崇敬を集めてきました。社殿の裏からは縄文時代の住居跡が発見されているなど、古来より人々の定住地であったことがわかっています。

【偶数月15日御朱印「翔」】偶数月の15日には、中央上部のVマークのところに好きな1文字を書いていただける。こちらは「翔」の字。

【偶数月15日御朱印「璃」】水泳の池江璃花子選手の病気平癒を願って「璃」の字を書いた御朱印は、ファンの方からのリクエスト。

よってはしばらく待つこともあるようです。御朱印を頂きに行く際には、時間と心にゆとりを持って参拝しましょう。

瀧野川八幡神社の創建は鎌倉時代にまで遡り、現存する総欅《けやき》造りの本殿は1885（明治18）年、拝殿は1922（大正11）年に改築されたものです。ともに関東大震災や太平洋戦争の戦火を逃れた建物は、力強さと威厳に満ちています。地域からの崇敬が伝わってくる造りの繊細さや美しさは、一見の価値があります。

また、社殿の裏からは縄文時代の住居跡が発見されていて、古くから人間の営みが続いてきた土地であることもわかっています。大地のエネルギーと、鎮守としての格式が感じられる神社。御朱印はもちろんのこと、参拝自体も、ここにしかない特別な体験になるはずです。

【月例祭（1日15日）御朱印】毎月1日と15日に開催されている月例祭では、金色の字で神社名が書かれた特別な御朱印を授与。

【六月大祓御朱印】六月大祓《ろくがつおおはらい》の御朱印。銀色の巴紋と緑の「夏越」の印で、通常のものとは随分違う印象です。

【末社御朱印】冨士神社（木花開耶姫命《このはなさくやひめのみこと》）、稲荷神社（倉稲魂命《うかのみたまのみこと》）、榛名神社（埴安姫命《はにやすめのみこと》）が合祀殿で祀られている末社の御朱印。

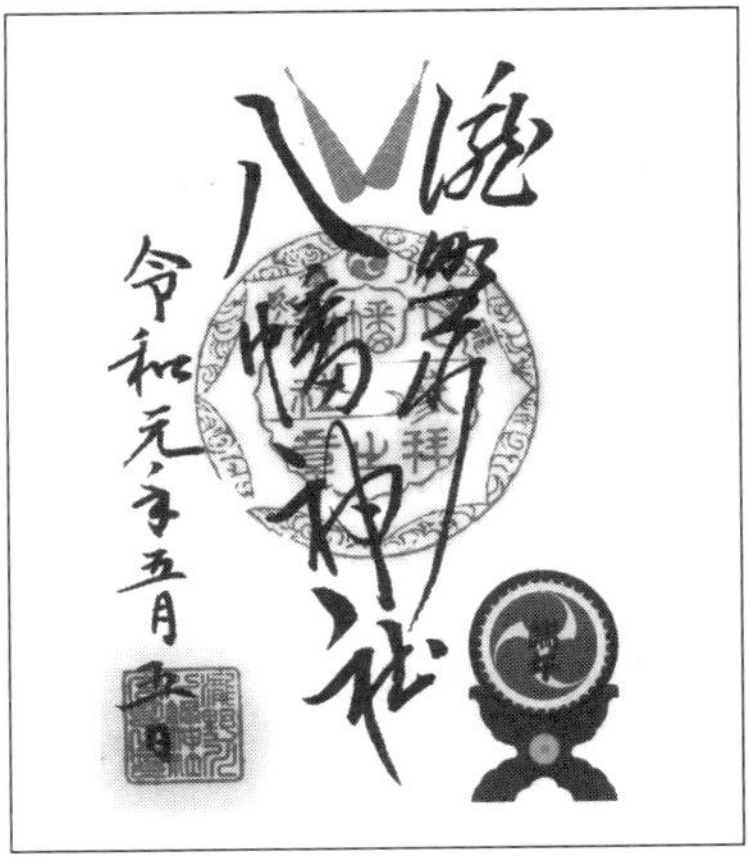

【端午節句御朱印】端午節句に頂くことができる期間限定の御朱印。ちまきの印もV字になっています。

瀧野川八幡神社

〒114-0023　東京都北区滝野川5-26-15

【長野県上田市】

眞《さ》田《なだ》神《じん》社《じゃ》

MESSAGE

人気武将・真田の御朱印

歴代の上田城主が御祭神

全国各地にある戦国武将ゆかりの城のなかでも、歴史ファンの間で特に高い人気を誇る上田城。1583（天正11）年に真田昌幸によって築城されて以降、2度に渡る徳川軍との合戦でも陥落しなかったことから不落城とも呼ばれています。

明治維新の最中に行なわれた廃藩置県により、国に接収されていた上田城が民間へ払い下げとなると、城跡は急速に桑園や麦畑へと姿を変えていきました。こうした状況を目の当たりにした旧上田藩士や旧領内有志は、旧藩主である松平氏への報恩のために、初代忠山公、二代忠昭公、三代忠周公を祀る神社の創建を立案。これが、城跡の所有者となっていた丸山平八郎氏と長野県に認められ、上田城内に松平神社が建てられました。のちに同社には、上田城を築城した真田氏と、上田藩政を発展させた仙石氏の歴代城主も合祀され、1963（昭和3）年になって神社名が眞田神社と改められました。

眞田神社の禰宜さんによると、同社が本格的に御朱印の授与を始めたのは、2016年の春から

【天皇陛下御即位特別御朱印】真田氏の家紋である「六文銭」をあしらった御朱印。右下には、真田氏、仙石氏、松平氏という上田城歴代城主の名が記されています。ちなみに、真田仙石松平の印の色は月ごとに変わります。六文銭の中の文字は、勇、智、仁の3種があり、月ごとに順番に変わっていきます。さらに、それらを3種集めると、何かいいことがあるそうです。

とのこと。デザインは神職の方が担当されており、年に5回は季節限定の御朱印を頒布しているいうことです。

「御朱印は、ご参拝いただいた感謝の気持ちを込めて、1枚1枚丁寧に書かせていただいています。リピーターの方のなかには、当神社の御朱印だけの御朱印帳をお持ちの方がいらっしゃったり、お気に入りの字体のスタッフの御朱印を集められている方、平成令和の大型連休時には差し入れをお持ちくださった方もいらっしゃいました。長時間お待ちいただいても、クレームをつける方がひとりもいらっしゃらなくて、申し

眞田神社とは?

長野県上田市の上田城址内に鎮座する神社。廃藩置県後、民間へ払い下げとなった上田城に、旧藩主である松平氏を祀る神社を建てたいという声が地元から上がったことを契機に創建されました。当時は松平神社という名前でしたが、真田氏と仙石氏の歴代城主も合祀することとなり、眞田神社と改められました。

【真田の兜】境内には、真田幸村がかぶっていたという鹿角脇立朱塗兜を模した大兜が展示されています。

訳なく思いつつも、ありがたかったです。当神社は何度も参拝いただく方がいらっしゃるので、御朱印に限らずいつ訪れても新しい発見をしていただけるよう心がけています」

本来、神社への参拝は日々の感謝を伝えるために行なわれるもの。それを迎え入れる神社が、いつ訪れても新しい発見がある場所であろうとしていただいているからこそ、眞田神社には参拝者が絶えないのでしょう。戦国武将の知名度だけに頼るのではなく、常に参拝者のことを考える。参拝の際には、そのような神社の想いもきっと感じられるはずです。

【季節限定御朱印】上田城が桜の名所として知られていることから、春には桜のデザインの限定御朱印が頂ける。今年は、天皇陛下御即位を祝う朱印も押されています。

【季節限定御朱印】2度にわたる徳川軍との合戦でも落ちなかった城ということで、朱印には「不落城」と書かれています。

眞田神社

〒386-0026　長野県上田市二の丸1-12

【京都府京都市北区】

建勲神社《たけいさおじんじゃ》

MESSAGE

織田信長を祀る神社の御朱印
京都刀剣御朱印めぐりとは？

天下統一を目指し、戦国の世に終止符を打とうとするも、家臣・明智光秀の謀反により、志半ばでこの世を去った織田信長。彼の凶報を耳にした豊臣秀吉は、主君の仇を取るべく山崎の戦いで明智光秀を討ち取りました。

その後、秀吉は京都・紫野の大徳寺において、7日間に渡る盛大な大法要を実施。さらに、信長の霊をなぐさめるため、船岡山に寺院を建立し信長像を安置する計画を立てました。残念ながら、寺院の竣工は中途で終わってしまいましたが、その後も船岡山は信長の霊地として大切に保護されてきました。

明治になると、戦国乱世において天下統一、朝儀復興などの事業を進めた信長を賛えるための神社建立が決定。1870（明治3）年には「建勲」の神号を賜り、1875（明治8）年にはかつて秀吉によって信長の廟所と定められた船岡山に社地を賜りました。こうして完成した建勲神社には、主祭神である織田信長公に、大願成就や開運、難局突破などの御神徳を求め、多くの参拝者が

【敦盛御朱印】桶狭間の合戦に先立って、信長が「敦盛」を歌い舞ったという故事にちなんだ御朱印。建勲神社の表参道沿いには敦盛の歌碑があります。

訪れています。

同社が御朱印を始めた時期は明らかになっていませんが、最も古いもので大正8年のものが確認されているそうです。そこから朱印の形や位置などは変遷して、現在では6種類の御朱印が授与されています。

権宮司さんによると、4年ほど前から若い女性の参拝者が急増したとか。これを不思議に思っていたところ、『刀剣乱舞』というオンラインゲームが大人気で、そこに登場する刀剣を所蔵する神社への参拝者が増えているということが判明。建勲神社は、信長ゆかりの刀である重要文化財『義元左文字（宗三左文字）』を所蔵しており、ゲームをきっかけにたくさんの方々がお参りしていたことがわかったそうです。

建勲神社とは？

1869（明治2）年、戦国乱世において天下統一、朝儀復興などの事業を進めた織田信長の偉勲に対して、明治天皇から神社創立の宣下がありました。これを受けて建立されたのが建勲神社です。1880（明治13）年には、新たに社殿を造営し、御嫡子織田信忠卿を配祀。1910（明治43）年に、社殿が船岡山山頂に移建されています。

【天下布武龍章御朱印】右下にある信長の花押は、伝説上の生き物である麒麟の麟の字をかたどったものと言われています。

この刀剣ブームを受けて、京都で刀剣に所縁のある4つの神社（粟田神社、豊国神社、藤森神社、建勲神社）が協力して、『京都刀剣御朱印めぐり』がスタートしました。同イベントはすでに8回目を数えており、日本各地はもとより、海外からも参拝者の方々が訪れています。

「御朱印は、参拝者と御祭神をつなぐものですので、ご参拝いただいたことへの感謝の気持ちと、今後とも建勲神社とのご神縁が末永く続いていきますようにとの祈りを込めて書いています」という権宮司さん。あるとき、大学生の娘さんとお母さんがお参りに来られて、いつものように他愛のない話をしていたそうですが、後日、「大学を休学してほとんど家に引きこもって、誰とも話をしなかった娘が、自ら行ってみたいと腰を上げ、さらに神社では、楽しそうに会話をしていて、本当にうれしく、お声かけいただきありがとうございました」という趣旨のお手紙をいただいたそうです。そのことを振り返って、「神社にお参りになる方ひとりひとりとの出会い、ご縁を大切にしていきたいと改めて感じた出来事でした」と語ってくれました。

【通常御朱印】戦前より授与されている御朱印。中央下の朱印は信長が発行した文書の印章「天下布武」を元に作られています。

【薬研藤四郎特別御朱印】平成30年7月1日の「薬研藤四郎」再現刀（藤安将平刀匠作）のご奉納を記念して考案された御朱印です。

【宗三左文字特別御朱印】建勲神社所蔵の重要文化財「義元左文字（宗三左文字）」の押形奉納を記念して作成された御朱印。

建勲神社

〒603-8227 京都府京都市北区紫野北舟岡町49

【長野県北佐久郡】

熊野皇大神社《くまのこうたいじんじゃ》

MESSAGE

1日30体限定の立体御朱印
世にも珍しき御朱印、誕生の秘密

「型抜きの八咫烏《やたがらす》御朱印は、参拝者がご自身で型抜きをして、ご自分の厄を抜くことを考えて作りました」

そう語ってくれたのは、熊野皇大神社で神職をつとめる水澤さん。お話にある〝型抜き〟することができる御朱印や立体御朱印など、他では見ることができない斬新な御朱印を授与している神社として、テレビなどでも注目を集めているのが、熊野皇大神社です。

和歌山県の熊野三山、山形県の熊野神社と並んで、日本三大熊野と称され、標高1200mの碓《う》氷峠《すいとうげ》頂上に位置する同社は、長野県と群馬県の県境にあるという全国的に見ても非常に珍しい神社です。お社の中央が県境になっており、ひとつの神社でありながら2つの宗教法人が存在。長野県の熊野皇大神社と、群馬県の熊野神社に分かれています。

御祭神は、伊邪那美命《いざなみのみこと》と日本武尊《やまとたけるのみこと》。社伝によると、碓氷嶺に登った際、急な濃霧で進めなくなった日本武尊の前に1羽の八咫烏が現れました。八咫烏は、口にくわえた紀州熊野の梛木の葉を少しずつ落と

【しなの木神社の御朱印】二つ折りの紙を開くと、御神木である「科の木」が飛び出すという仕掛けの立体御朱印。毎日30体限定で頒布されています。

しながら日本武尊を先導。そのお陰で、日本武尊は山頂に辿り着くことができました。日本武尊はこの八咫烏の導きを熊野神霊の御加護だと考え、ここに熊野三社を祀ったのが同神社の起源とされています。こうした伝承から、熊野皇大神社は古くから交通安全の御利益がある神社として親しまれてきました。この伝承から生まれたのが八咫烏の型抜き御朱印で、神社が碓氷峠頂上にあることから〝登拝〟の文字が記されている他、八咫烏の体の一部に隠れたハートが施されているなど、御朱印への熱いこだわりが随所に仕掛けられています。

また、最近では境内にある科《しな》の木の御神木に参拝する人も増えています。「科」の語源は「結ぶ・くくる・しばる」だといわれていて、このことから開運・縁結びの御神木として信仰を集めてきました。樹齢は少なくとも850年以上。7月頃に

熊野皇大神社とは？

社伝によると、日本武尊が碓氷嶺に登った際、急に濃霧で進めなくなりました。そのとき一羽の八咫烏が現れ、紀州熊野の梛木の葉をくわえて先導。これにより山頂に辿り着けた日本武尊は、八咫烏の導きを熊野神霊の御加護によるものと考え、ここに熊野三社を祀ったのが起源とされています。

【しなの木（科の木）】本殿の左奥に立つ科の木。一説によると信濃の国の語源「信濃は科野なり」になったともいわれています。

【型抜きの八咫烏御朱印】羽を広げた姿で描かれた八咫烏が型抜きできるようになっている御朱印。厄を抜くという意味が込められています。

は小さな白い花をたくさん咲かせ、美しい姿を見せてくれます。

熊野皇大神社では、この御神木をモチーフにした御朱印も頒布しています。二つ折りの紙を開くと、立体的な御神木が立ち上がる仕組みになっている御朱印は、木の特徴が細かく再現されています。右ページの下には、科の木の語源とされる「結」の字が金色で書かれており、縁起の良さを感じます。1日限定30体の御朱印なので、頂きたい方は早めの時間帯に参拝するのがいいでしょう。

また、オリジナルの御朱印帳にも、科の木や八咫烏が描かれているものがあり人気を博していますす。御朱印にかかわらず、御守りや御朱印帳などを宮司さんとともに考案しているという水澤さんからは、「当社の御朱印帳を気に入っていただき、当社より御朱印を始められたという方が10冊目に入る節目に、また御朱印帳をお求めに来てくださいました」というエピソードも。「御朱印は熊野皇大神社に来ていただいた証だと思っています。参拝の皆さまは、軽井沢の奥の山の上まで来ていただいているので　感謝の気持ちを込めて一体一体丁寧に書かせていただいています。当社の御朱印を見て、『すごい！』、『おもしろい！』と言っていただけたり、毎月1日と15日に頒布している特別御朱印を毎回欠かさずに遠方から来て授与される方がいるなど、本当にうれしいことです」と、御朱印に対する想いも語ってくれました。

最後に、今後の御朱印について聞いてみたところ、「これからも、他にはない御朱印、御朱印帳を作っていきたいと思います。過去に当社で頒布していた御朱印の復刻版なども考えていますよ」と、教えてくれました。

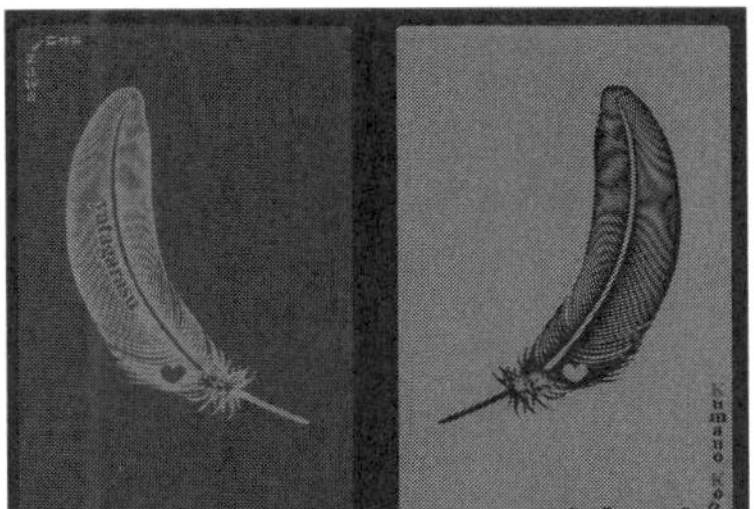

【御朱印帳】八咫烏の羽をデザインした限定の御朱印帳は、金粉で絵模様をつける蒔絵の技術が用いられています。

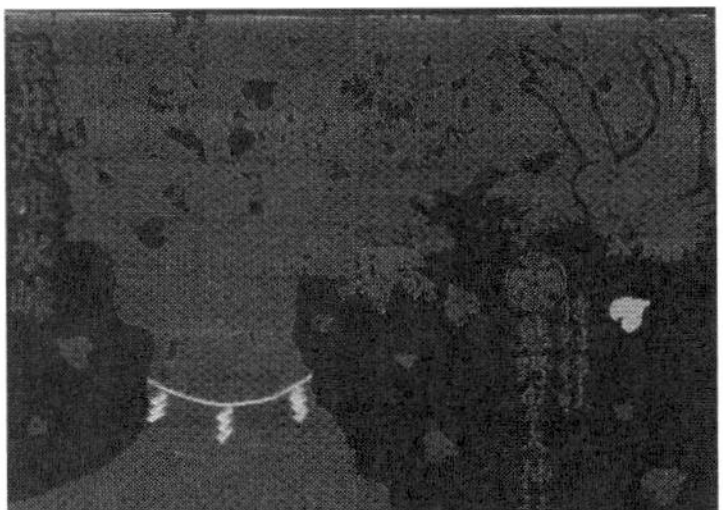

【御朱印帳】「科」の語源は「結ぶ・くくる・しばる」であることから、縁結びの御利益があるとされる科の木をあしらった御朱印帳。

熊野皇大神社

〒389-0101　長野県北佐久郡軽井沢町峠町2

【群馬県高崎市】

於菊稲荷神社《おきくいなりじんじゃ》

MESSAGE

白狐さまの〝しっぽ〟御朱印

神社と寺院のコラボ御朱印も!?

江戸時代に新町と呼ばれていた現在の於菊稲荷神社がある辺りには、於菊という美しく気だての良い娼妓がいました。稲荷社に日参する娼妓たちのなかでも、於菊は特に熱心な信者で、境内で遊ぶ子どもたちの面倒を見るなど、みんなに慕われていたといいます。しかし、ある日、於菊は重い病気にかかり、住む場所を失ってしまいます。これを知った子どもたちの親は、日頃から彼女が信仰していた稲荷社に小屋を建て、3年に渡って看病を続けました。

於菊の信心、そして、子どもたちやその親たちの願いが通じてか、ある晩、稲荷の神さまである白狐が彼女の夢枕に現れ、驚くべきことに病気が全快しました。これに感謝した於菊は、生涯を世の人々のために尽くすことを決意し、稲荷社の巫女になったのです。日々の神明奉仕を続けているうちに、神秘的な力を授かった彼女の元には、近隣・遠方問わず多くの参拝者が相談にやって来るようになります。そのうち、「困りごとは、稲荷の於菊に聞けばいい」という噂が広がり、いつの間にか稲荷社は於菊稲荷神社と呼ばれるようになったそうです。

【白狐社御朱印】境内社の白狐社の御朱印。月替わり（5月）限定の判が押されています。

【通常御朱印】稲荷神社では神の使いとして崇拝されている狐の絵があしらわれた御朱印。「菊」の字の払いは、狐の尻尾を表現しているそうです。

このような伝承が語り継がれている於菊稲荷神社には、今も多くの参拝者が訪れています。御朱印に描かれているのは、稲荷神社における神の使いで、於菊の伝説にも深く関わっている白狐です。このデザインが考察された当時について宮司さんは、「平成23年頃から、菊の字を丸く書き始めました。菊という字は、草冠に米と書きます。それを取り囲むように払いを書くことで、草でできていて、中にお米が入っている丸い物、つまり米俵を表現しました」と語ります。さらに、「ある日、参拝者の方のブログを拝見しているときに、『丸く払ったところが狐さんの尻尾に見えます』という言葉があり、それがきっかけで、カスレを入れた白狐さまのしっぽを意識し

於菊稲荷神社とは?

1582（天正10）年に小田原城主・北条氏政が、厩橋城主・滝川一益と決戦を行なうにあたって先祖代々の守護神である稲荷の社頭に戦勝祈願をしました。その甲斐あって大勝利を収めた氏政は、御神徳の偉大さに感激し、小祠を立派な社に再建。これが於菊稲荷神社の起源とされています。

【御朱印帳】神社名の由来になった於菊と、オリジナルキャラクター・福福ちゃんの御朱印帳。

【鳥居】参道にズラリと立ち並ぶたくさんの奉納鳥居。稲荷神社らしい美しい風景です。

た書き方に変えました」と明かしてくれました。こうして、現在の御朱印ができあがったそうです。

また、於菊稲荷神社は、全国で初めて神社と寺院のコラボ御朱印を頒布したことでも知られています。

「千葉県南房総市にある小松寺さんの神棚に、当社の古い御神札がお祀りされていたそうです。おそらく、神仏習合だった江戸時代に何らかのつながりがあったのでしょう。その御神札を新しくするために来ましたと、ある日突然、小松寺の方が御来社くださいました。半日近くお話しさせていただいて意気投合し、『招福猫御朱印』を作るというコラボレーションが決まりました。頒布の期間中は、今までにない地域

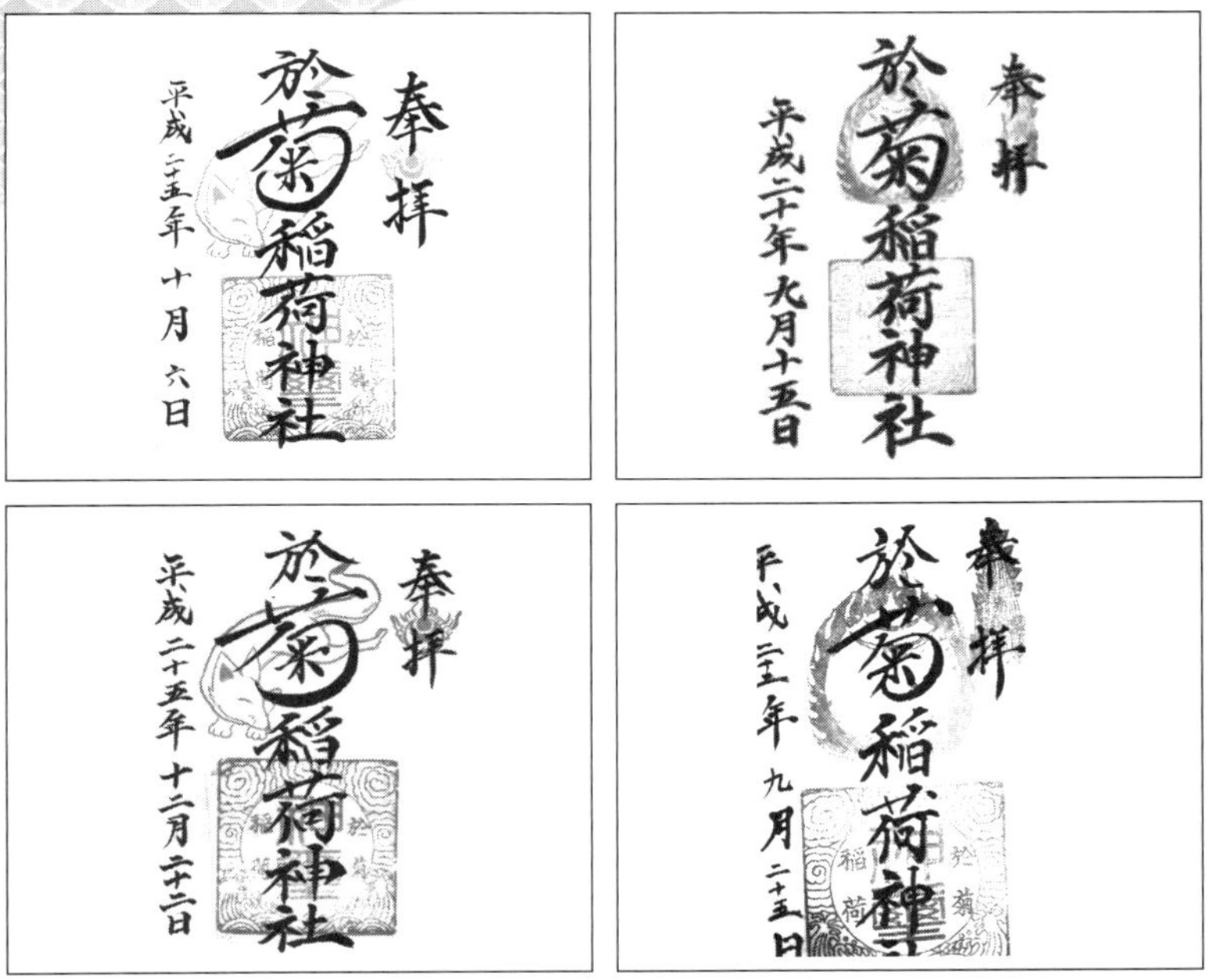

【旧御朱印】「菊」の字が狐の尻尾になる以前に頒布されていた旧デザインの御朱印。

から御参拝者の方々に御来社いただけました。小松寺さんの方も同じ意見でした」

伝統を重んじつつも、過去の常識に縛られない柔軟な姿勢。そういうものが、神社や寺院を身近な存在にしてくれるのかもしれません。

【こどもの日限定御朱印】鯉のぼりではなく、狐が空をたゆたうユニークな「こどもの日」限定の御朱印。

於菊稲荷神社

〒370-1301
群馬県高崎市新町247

【東京都台東区浅草】

浅草神社《あさくさじんじゃ》

MESSAGE

幻となった特別御朱印

禰宜さんが語る御朱印の未来

「今年の三社祭特別御朱印の頒布は残念ながら見送らせて頂きます」

平成から令和に変わる2019年、毎年5月に行なわれる浅草神社の例大祭を前に、同神社の公式フェイスブックページには、このようなお知らせが投稿されました。投稿によると、元号が変わるゴールデンウィークの期間中、浅草神社では特別御朱印を用意。しかし、想定を超える希望者が訪れたため、長蛇の列ができ、一部の参列者から神社職員に対する暴言や恫喝などが見られたといいます。この事態を重く受け止めた浅草神社は、「祭礼期間中の混乱を避けるため」との判断から、毎年恒例だった三社祭特別御朱印の頒布を中止しました。

ここ数年で御朱印めぐりをする人が爆発的に増加したことに伴い、参拝者のマナーが問題視されることが増えています。その多くが、「御朱印に対する考え方のズレ」によって生じているように見受けられます。

本来、御朱印というものは写経を納めた証として寺社から授与されていたもので、参拝者が自ら

【通常御朱印】奉拝の墨書き、神社名、日付、朱印という、基本要素のみで構成されたシンプルで格式の高さを感じさせる浅草神社の御朱印。

の希望として頂くものであり、そのために長時間並ぶかどうかというのは、受け手側に委ねられた判断なのです。

　しかし、現在では参拝の証として頒布されるものという認識が一般化しています。特に最近では、「御朱印を集めること」が目的化しつつあり、「お金を払って買うもの」という間違った認識を持った人も増えてきているようです。実際、浅草神社でも「遠方よりお越し頂いている事を理由に特殊な対応を求められる方」や「神社をサービス業と捉えられ、受付時間の変更を提案される方」がいたといいます。

浅草神社とは?

東京都台東区にある神社。三社権現や三社さまとも呼ばれており、毎年5月の例大祭『三社祭』は多くの観光客でにぎわいます。浅草寺本堂の隣にある社殿は、徳川家光より寄進された木造権現作りで、関東大震災や東京大空襲を免れ、現在は国の重要文化財に指定されています。

【夏詣特別御朱印】2018年の夏詣で頒布された特別御朱印です。2019年版の御朱印は現在考案中とのことでした。

【割り印】御朱印帳に貼った書き置き御朱印には割り印をしています。これは転売防止策としても施されているとのことです。

【整理券】多くの参拝者に対応するため、配布されている御朱印の整理券。

こうした状況について、浅草神社で禰宜を務める矢野幸士さんは、次のように話してくれました。

「確かに、最近は御朱印を集めるために、『もっと早く社務所を開けてくれ』とか『なんでこんなに並ばされないといけないんだ』といったことをおっしゃる方がいるのは事実です。しかし、神社というのは神さまをお祀りしているところ。神さまにも社殿という家があって、お食事が必要なので、我々はお供え物を必ずしていますし、当然のことながら神さまにも休息する時間が必要です。コンビニのように24時間営業にしてくれというのは、神さまに休まないでくださいと言っているようなもので、我々としてはそのような決断はしかねます」

【被官稲荷神社御朱印】浅草神社の境内に祀られている被官稲荷神社の御朱印。並んで佇む狐の印が可愛らしいですね。

「そもそも、神社というのは神さまをお祀りしている場所」という認識を失ってしまっては、御朱印はもちろんのこと、参拝すらもあまりに自分本位な行為になってしまいます。神社というのは、自分の目的を果たしに行く場所ではなく、神さまに祈りや感謝を伝えに行く場所であることを忘れないでおきましょう。御朱印に対する授与料も、物品を買うお金ではなく、お賽銭と同じように神さまにお供えするものです。支払い感覚でいると、知らず知らずのうちに〝客〟であるという意識が芽生えてしまうことは気をつけたいところです。

とはいえ、矢野さんが「本当は神社からも注意書きは出したくありません。参拝する方々が気持ちよくお参りできて、お守り

【恵比須御朱印】浅草名所七福神の一社として、浅草神社に祀られている恵比須神の御朱印。

やお札、御朱印を気持ちよく受け取っていただけるというのが理想です」と話すとおり、神社としても注意書きを出すのは本意ではないそうです。そのうえで、「神社側もその対応には真摯に向き合う必要があり、なるべく気持ちよくお参りしていただきたいと思っています。そのために、御朱印頒布の整理券を配るなど、参拝の方々の負担を減らすような改善を重ねていこうと考えています」とも話していただきました。お互いに気持ちのいい時間を過ごせるよう、マナーを守って参拝することを心がけたいものです。

「正月の初詣だけでなく、1年の節目節目には神社をお参りしていただきたい。その手段のひとつが特別御朱印なんです」というように、浅草神社では「参拝者にとって神社が身近な存在になってほしい」という目的で特別御朱印を頒布しているそうです。そのための試みのひとつとして、毎年7月1日から「夏詣」という行事を行なっています。これは、1年のちょうど半分が過ぎたタイミングで神社参りをすることで、新たな気持ちで1年の後半を迎えようというもの。2014年に浅草神社で始まり、現在では全国130の寺社で開催されているそうです。

　こうした試みにより、多くの人たちが神社への理解を深めてくれれば、参拝や御朱印に対する「考え方のズレ」も自然と埋まっていくのではないでしょうか。

御朱印以外にも様々なアイデアが光る

【おみくじ処】参拝に来ていただくための取り組みのひとつとして設けられている「おみくじ処」。好みに応じて選べる複数種類のおみくじがあります。

【天然石おみくじ】開運招福の水晶や、金運アップの虎目石など、様々な御利益がある天然石が入っているおみくじ。

【鯛みくじ】設置されている専用の釣り竿を使って引くという縁起のいい「鯛みくじ」。

浅草神社

〒111-0032　東京都台東区浅草2-3-1

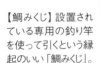

これがすごい!

Column.03

菊池洋明の推し御朱印

⛩湯殿山神社

〒997-0532
山形県鶴岡市田麦俣字六十里山7番地
主祭神：大山祇命《おおやまつみのみこと》・大己貴命《おおなむらのみこと》・少彦名命《すくなひこなのみこと》

※注：湯殿山神社の御朱印ですが、現在はまったく違うものになっていますのでご注意ください。

山岳信仰の聖地である出羽三山（羽黒山、月山、湯殿山）に共通して見られる特大の丸い朱印に「出羽三山奥宮 湯殿山本宮」と墨書きされています。湯殿山の御神体と関係のある「湯」の意匠化された文字が御朱印帳2面にわたり大書きされている特徴的な御朱印です。冬季は深い雪に閉ざされるため積雪状況により開山日は毎年異なりますが、この御朱印は平成28年の開山日となった5月1日に参拝し、朔日参りとして頂いた縁起の良いものです。

湯殿山神社とは?

出羽三山の奥宮として位置づけられ、「語るなかれ」「聞くなかれ」と戒められ、古くから、湯殿山については一切口外しない慣わしとされている神秘的な神社です。湯殿山の山腹に鎮座し、本宮では祓《はらい》を受けてから裸足になって参拝するものとされており、俗世と隔絶された神域として特別視されています。現在も御神体などの写真撮影は厳禁で、御神体の核心部ともいうべき場所は参拝したものしかその姿を知ることができません。

第4章

謎

もっと知りたい!

御朱印のちょっと深めな豆知識

書き置き御朱印を貼るコツはありますか?

「御朱印の数え方は?」「はさみ紙って何?」「期間限定御朱印とは?」など、御朱印のことを考えたとき、意外と多くの素朴な疑問が出てくることに気づきました。そこで、本章では、第1章の基本的な予備知識を超えた、もっと深く知っておきたい豆知識をご紹介していきます。

謎01

御朱印に〝数え方〟はあるの？

答え

一体、二体という表記が見られます。

A

御朱印の話をする際に、数を言い表す〝単位〟に困ったことはありませんか？　ものにはさまざまな単位がありますが、御朱印を数える際には何という単位を使うべきなのでしょうか？

まず、最初に思い浮かぶのは〝枚〟という単位です。紙に書かれたものというくくりで考えれば、やはり〝枚〟が妥当でしょう。しかし、神社仏閣から頂いたものに対して、他の紙と同様に〝枚〟を使うことに違和感を感じる方もいるかもしれません。

先に結論をいうと、御朱印の単位に明確な規定はないようです。寺社によって、〝枚〟や〝種類〟、〝ひとつ、ふたつ〟と数えているところもあります。そんななかで、最も多く見られるのは〝体〟という単位です。これは、お守りや御神札など、御神徳が宿っているものを数えるときに使われる単位で、同様の理由から御朱印にも用いられることが多いようです。神社でも寺院でも使われている単位なので、御朱印を数える際は〝体〟を使えば問題ありません。

御朱印の他にも、寺社では独自の単位が使われているケースが多く見られます。例えば、神さま

烏森神社の社務所前にあった張り紙。「御朱印はご参拝の証の為　お一人様一体のお授けです」と書かれており、御朱印に〝体〟という単位が使われています。

には〝柱〟という単位が用いられます。理由については諸説ありますが、古来より日本人が大木に神さまを見出していたことや、神さまが降りてくる依《よ》り代《しろ》として柱が使われていることなどが考えられています。

では、御朱印帳を数える単位は何になるのでしょうか。これについては、一般的に〝冊〟が用いられているようです。ページの単位についても〝ページ〟や〝頁〟が使われていますが、蛇腹になっている御朱印の場合には〝山〟という単位が用いられることがあります。これは蛇腹の折り目をひと単位にした数え方で、2ページ分がひと山となります。

御朱印めぐりをするのに必要不可欠な知識ではありませんが、単位を覚えておくと楽しみ方が深まっていくはずです。

謎02

御朱印はいつ行っても頂けるもの？

答え

通常は参拝時間内に授与されています。

A

御朱印は参拝の証として頂くものですが、時間を問わず頂けるものではありません。深夜や早朝にも参拝可能な寺社であっても、人がいない時間に頂くことはできません。場所によって御朱印を頂ける時間帯は異なりますが、寺院では9時から16時、神社では9時から17時くらいの時間が一般的です。

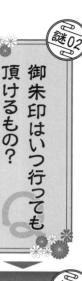

ただし、寺院のご住職や神社の宮司さんなどの書き手の方が、不在のこともあります。最近ではホームページやSNSなどで御朱印の授与時間を伝えている寺社もあるので、参拝に伺う前に確認しておくといいでしょう。新橋の烏森神社では、通常は書き置きの御朱印を頒布していますが、月に数日は手書きの御朱印を授与する日を設けています。自分の御朱印帳に直接頂きたい場合は、事前に日程をチェックしておくのがオススメです。

御朱印めぐりをする人たちの増加により、最近では参拝者のマナー低下も指摘されています。「わざわざ遠くから参拝に行ったのだから、時間外でも御朱印を頂きたい」と無理を言う人や、待ち時間が長いことで心を乱す人、書き手の字が気に入らないと文句を言う人など……。いずれも心情的には理解できますが、御朱印はお金を払って買う商品ではなく参拝の証に頂くものであるということ、そして自分は参拝客ではなく参拝者であるということを、常に心に留めておきましょう。

もし、タイミングが合わずに、希望の御朱印が頂けなかった場合は、縁がなかったということできっぱりとあきらめましょう。チャンスがあれば再訪することもできますし、より魅力的な御朱印に出合えることもあるはずです。

本来、寺社への参拝というのは、神さまや仏さまに感謝を伝えるために行なうこと。それによって心を乱すというのは、本末転倒です。参拝は、心穏やかに行ないましょう。

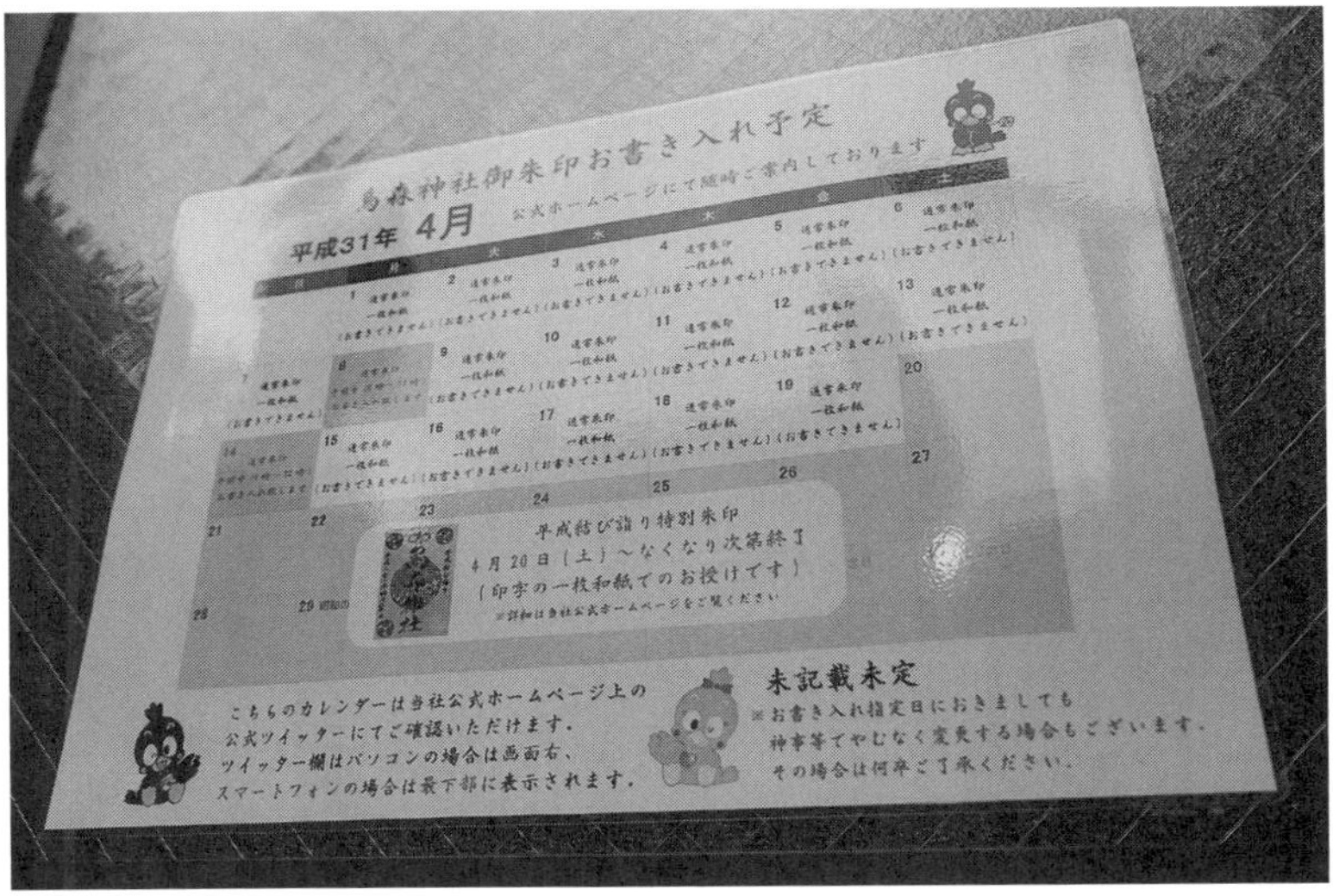

烏森神社で頒布される御朱印のスケジュールが書き込まれたカレンダー。月に数日だけ御朱印帳に、直接お書き入れしていただくことができます。

謎03

御朱印はどんな人が書いているの？

答え

神職、巫女さん、住職、副住職など様々です。

規模の小さな寺社の場合、御朱印のお書き入れはご住職や宮司さんが行なっているのが一般的です。一方、規模の大きな寺社では、ご住職や宮司さんの他に、神職の方や巫女さん、副住職などもお書き入れを行なっています。場所によっては、書家やアルバイトの方を雇っているという寺社もあるようです。絵付きの御朱印の場合は、プロのイラストレーターに描いてもらったものを印刷し、その上から墨字と朱印を加えるというケースも珍しくありません。

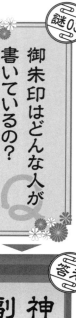

書き手の方が複数人いる場合には、当然のことながら御朱印の書体も変わってきます。誤解を恐れずに言えば、達筆の方も悪筆の方もいますが、それに対して不満を漏らすのは控えましょう。御朱印は選んで買うものではなく、あくまで授かるものです。それに、書体の違いによって価値が変わるものでもありません。頂いたものにご縁を感じながら、大切に持ち帰りましょう。

寺社の方に、その場で書き入れていただける御朱印の場合、墨書きや日付を間違ってしまうということもあるかもしれません。御朱印帳の場合、間違えたものを消して書き直すということはでき

どこの寺社でも、御朱印は心を込めて書かれています。受ける側も、御朱印と共に縁や気持ちも頂いていることを忘れないようにしましょう。

ないので、ショックを受ける方もいるかと思います。しかし、そういうトラブルも受け入れるほかありません。

実際に、私も書き手の方が墨書を間違えるという経験をしたことがありました。相手の方はとても申し訳なさそうに謝られて、「お代は結構です」ということまでおっしゃられていました。しかし、そのときの私は、「これはこれで珍しい経験をした！」と、とてもポジティブに受け止めることができました。やはり、「ものは捉えよう」です。悪筆でも、字の間違いでも、それが縁だと考えれば、ありのままに受け入れることができるでしょう。

寺社の方といえど、相手は自分と同じ人間です。そのことを念頭に置いて、心が豊かになるような御朱印めぐりを心がけたいものです。

謎04

ひとつの神社・寺院に複数の御朱印があるのはなぜ？

答え

摂社や仏さまごとに用意されている場合もあります。

同じ神社や寺院でも、場所によっては複数種類の御朱印が用意されていることがあります。これはどういうことなのでしょうか？

神社の場合は、1社につき1体で、墨書きで神社名が書かれているというケースが一般的です。ただし、摂社（本社御祭神の荒魂《あらみたま》や后神《きさきがみ》・御子神《みこがみ》を祀った社など）や末社（摂社の基準に当てはまらない社）ごとに御朱印が用意されていることもあり、それぞれを参拝することを前提に1社で複数の御朱印を頂くことも可能です。

寺院では、境内にあるお堂ごとに、薬師如来や千手観音など、異なる仏さまを祀っていることも珍しくありません。その場合、お堂ごとに御朱印が用意されていたりもします。また、四国八十八ヶ所や坂東三十三ヶ所などの霊場に指定されている場所では、寺院としての御朱印の他に、札所としての御朱印が用意されていることもあります。ただし、京都の東寺のようにたくさんの種類の御朱印がある寺院では、混み具合により1回の参拝での授与数が制限されることもあるので注意しましょう。

最近では、単純にデザインの違いで複数の御朱印が用意されている寺社も増えてきました。この場合は、好みに合わせて御朱印を頂きましょう。デザイン違いで複数の御朱印を頂ける寺社もありますが、混雑時には他の参拝者への配慮が必要です。

どうしても複数の御朱印を頂きたい場合は、日を改めて伺うのもいいでしょう。本来寺社というのは一度お参りするだけで関係性が終わるのではなく、何かあるごとにお参りをして感謝を告げる場所です。ですから、日を改めて参拝するのはごくごく自然なこと。嫌がられることもありません。むしろ関係性が深まることで、今までにない話を伺えたり、新たな発見ができることもあるでしょう。

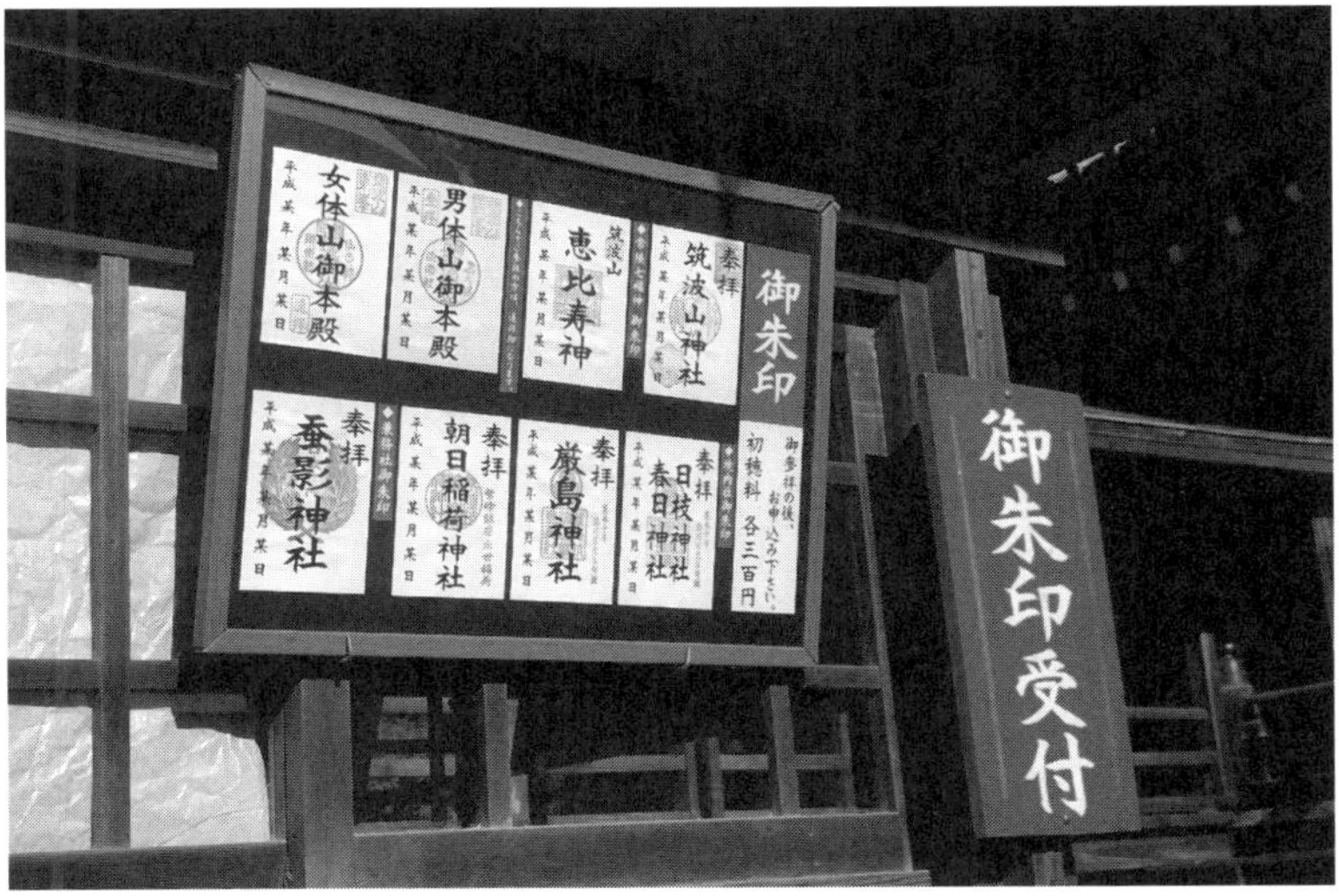

筑波山神社に掲げられている御朱印の種類を掲示した看板。境内に複数の末社があることで、それぞれに御朱印が用意されています。

謎05

御朱印はすべて手書きで頂ける？

Q

答え 基本的には手書きですが、変わりつつあります。

A

御朱印といえば、ご住職や宮司さんが参拝者の目の前で書いてくれるものというイメージが強いのではないでしょうか。実際、多くの寺社では「書き入れ」といって、その場で御朱印を書いていただくことができます。しかし、最近では「書き置き」といって、すでに紙に墨書きがされているものが頒布されるというケースも増えつつあります。

書き置きの御朱印が頒布される理由は、大きく分けて2つあります。ひとつは、寺社にご住職や宮司さんがいらっしゃらない場合の対応策というケースです。寺院のご住職や、神社の宮司さんは、法要や祈祷などで外へ出かけていることも少なくありません。そのため、寺社を留守にすることもあります。そうした状況のときに参拝者が訪れてきて、御朱印を頂きたくても授与してもらえないということを防ぐために書き置きの御朱印を準備しているという寺社は珍しくありません。こうした対応策は、昔から行なわれています。

もうひとつの理由は、参拝者の増加によって、一人一人に書き入れをするのが困難になってきて

書き入れの対応がなく、書き置きのみの頒布であることを伝える注意書き。限られた人数で対応している寺社には、書き置きに頼らざるを得ない実情もあります。

いるというものです。当然のことですが、書き置きに比べて、書き入れの御朱印は時間がかかります。1日に数件ならまだしも、数が増えると待ち時間が長くなっていきます。こうした状況をどう捉えるかは寺社によって異なりますが、最近では参拝者を待たせないという配慮から、書き置きの御朱印を導入する寺社が増えています。

ただし、書き置きといっても、その種類はさまざまで、あらかじめ墨書きしておいた紙に、参拝者の前で朱印と日付を入れるというパターンもあれば、すべてプリントしてあって、その場で日付だけを書き入れるというパターンもあります。

また、これとは反対に書き入れ以外の御朱印は頒布しておらず、不在の際は授与しないという姿勢の寺社も少なからず存在します。

謎06

親や友人の代理で参拝したり、御朱印を頂いていいの？

Q

答え

原則は本人参拝ですが、代参という考え方もあります。

A

「親の病気平癒を祈願するためにお参りしたいけど、本人は入院していて動けない」

そんな場合、他の人が代理でお参りして、御朱印を頂いてくるということは可能なのでしょうか？

御朱印を頂くための原則は、本人がお参りすることです。御朱印が参拝の証として授与されるものであることを考えると、他の人の御朱印を頂くために参拝するという行為には矛盾が生じてしまいます。

ただし、「代参」といって、お参りを希望する本人の代わりに別の人が参拝するという行為もないわけではありません。例えば、江戸時代に大流行したお伊勢参りでは、全員が伊勢神宮まで行くための大金を用意できないため、地域の代表者が参拝する「お伊勢講」というシステムが存在しました。

これは、「講」という同一の信仰をもつ人々が集う組織の所属メンバーが、定期的に集まってお金を出し合い、くじ引きによって決められた代表者がお伊勢参りをするという仕組みです。代表者は盛大に見送られ、道中で観光しながら、伊勢神宮では講のメンバーたちのことを祈って参拝。帰りには、お土産としてお祓いや、新品種の農作物の種、織物や名産品などを持ち帰るというのがしきたりになっていました。

つまり、他者のためにお参りをし、参拝の証を持ち帰っていたのです。

こうした制度に基づいて、現在でも代参による御朱印の授与を認めている寺社もあります。ただし、これは本人が何かしらの事情によって参拝できない場合に限ります。「友人が遠くの寺社に行くので、ついでに自分の御朱印ももらってきてもらう」といった理由は、あまり好ましくないかもしれませんね。御朱印はお土産ではないのです。

お伊勢参りの一場面を描いた、歌川広重の『伊勢参拝　宮川の渡し』。「一生に一度はお伊勢参り」と言われた時代の盛大なにぎわいが感じられます。

謎07

御朱印は郵送やインターネットでも頂ける？

Q

答え

“遥拝《ようはい》”という考え方もあります。

A

インターネットの普及により、最近では参拝や御朱印の授与に対する考え方も少しずつ変わってきています。数としては多くありませんが、遠方でも神仏の縁をつないでもらいたいという寺社の考え方により、写経を郵送することで御朱印を授与してもらえたり、ネットで御朱印を受け付けている寺社も出てきています。

例えば、兵庫県養父市にある赤堂観音蓮華寺では、以下の3点を考慮したうえで御朱印の郵送を行なっています。

「1、直接参拝せずとも、あらゆる方々が御仏の加護が得られるようにと思い、御祈願を通じてご本尊とご縁を結び朱印を授与する形をとっております。

2、遥拝…遥か遠くの神仏を空間を越えて心で拝む事を遥拝と言い、直接参拝するのと同様のご利益があるとされて、古来より行なわれて来ました。

3、当山の御朱印は、すべて御祈祷をし、皆様のお手元へ発送しております。開封後は、御参拝

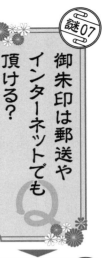

空海直筆の般若心経が草庵に納められるのを起源に今に至る蓮華寺。

蓮華寺のご住職が自らデザイン・制作した「宮毘羅《くびら》」の御朱印。

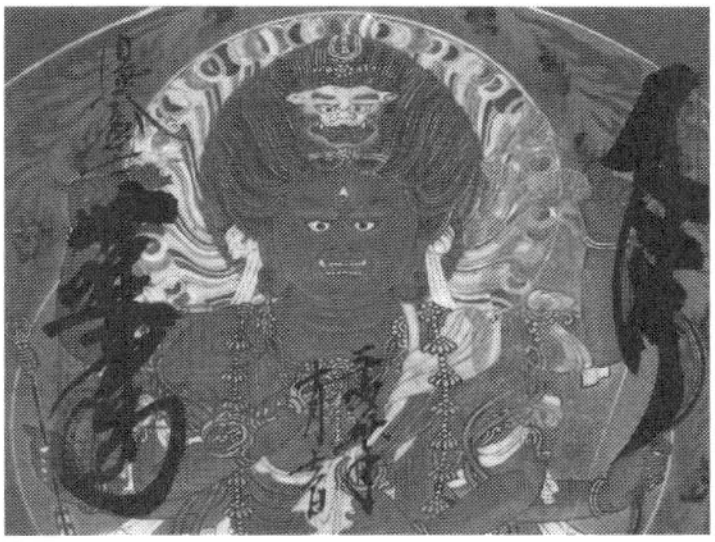

こちらは「愛染明王」御朱印。芸術といっていいほどのタッチです。

※注：これらの御朱印は、以前、著者が監修を担当した『古今東西、すごい御朱印だけ集めました。』（小社刊行）において、読者限定御朱印として掲載させていただいた御朱印です。現在は終了していることも考えられますので、あくまで本文の引用としての参考資料と思っていただければ幸いです。

し御祈祷を受けたお気持ちで御拝受頂きたいと思います」

新しい変化には賛否両論がつきものですが、結局のところ大切なのは捉え方。インターネットや郵送を通じて御朱印を知ってもらうことで、縁をつなぎ、仏教や神道に対する理解が深まればいいという意見もあれば、参拝や写経なくして御朱印は頒布できないという意見もあって当然です。最近では、参拝もインターネット上で行なえるという寺社も登場していますが、これも時代に合わせた変化だと捉えるべきなのかもしれません。

受け手としても、御朱印に対する自分のスタンスを考えつつ、自分が納得のいく方法で御朱印めぐりをするのがいいのではないでしょうか。時代の変化は、御朱印に対する自分のスタンスを確かめる機会にもなるはずです。

謎08

御朱印帳を忘れた場合はどうすればいいの？

Q

答え

"書き置き御朱印"を頂きましょう。

A

あわてて家を出て御朱印帳を忘れてしまったり、旅行先で偶然寺社を見つけて「御朱印帳を持ってくればよかった！」なんて思った経験はありませんか？　もし、そんな状況になったとしても、がっくりと肩を落とす必要はありません。御朱印帳を忘れたとしても、御朱印を頂くことは可能です。

お書き入れをしてくれる寺社では、御朱印帳を持っていなくても、1枚の紙に御朱印を書いていただける場合が多いです。それを持ち帰って、自分の御朱印帳に貼り付ければ、参拝の証をしっかりと残すことができます。

お書き入れの御朱印はなく、書き置きのみの寺社でも、授与していただいたのちに自分の御朱印帳に貼れば問題ありません。貼り方のコツなどは、次頁以降で説明していきます。

基本的に、お書き入れの御朱印と、書き置きの御朱印に優劣はありません。どちらも参拝の証として頂けるものなので、同じく大切に扱いましょう。

群馬県沼田市にある石尊山観音寺（P44）で頒布されている書き置きの御朱印。1枚1枚手書きで書かれており、それぞれに表情が異なります。

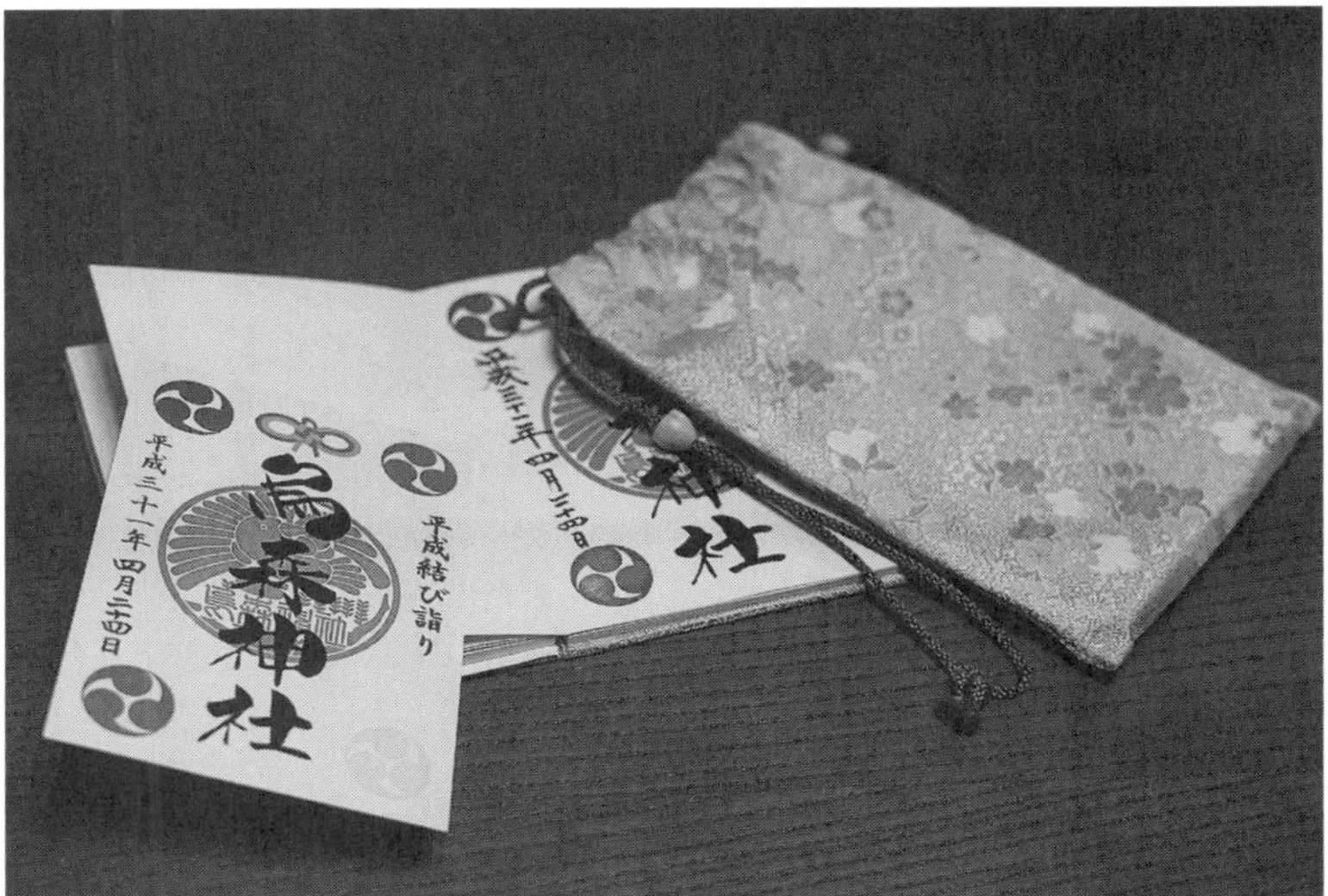

御朱印帳を忘れた際は、書き置き御朱印を自宅に持って帰って、貼りたい御朱印帳に貼りましょう。貼り方については次頁にてお話します。

謎09

“書き置き御朱印”を御朱印帳に貼るコツは？

答え

編集部で実際に試してみました。

すでに御朱印めぐりをされている方のなかには、書き置きで頂いた御朱印の保管方法で悩んでいる方もいらっしゃるのではないでしょうか？

書き置きの御朱印には、規定のサイズがあるわけではありません。紙の大きさは寺社によってさまざまです。ですから、クリアファイルなどに保管する場合にも、見た目がバラバラになってしまう可能性があります。

「せっかく集めているからには、1冊の御朱印帳にまとめたい」という方もいらっしゃるでしょう。そういう方には、書き置きで頂いた御朱印を、自分の御朱印帳に貼り付けるという方法があります。ただし、これが意外と簡単ではありません。書き置きの御朱印と同じく、御朱印帳のサイズもものによって差があるため、いざ貼ろうと思ってもはみ出してしまったり、のりの水分で御朱印がヨレてしまうこともあります。

そこで、編集部がさまざまな方法を試したうえで発見したコツをお伝えしようと思います。

まず、そもそも、のりがこんなに種類があることに驚きます。それぞれを使って、1枚1枚貼ってみました。

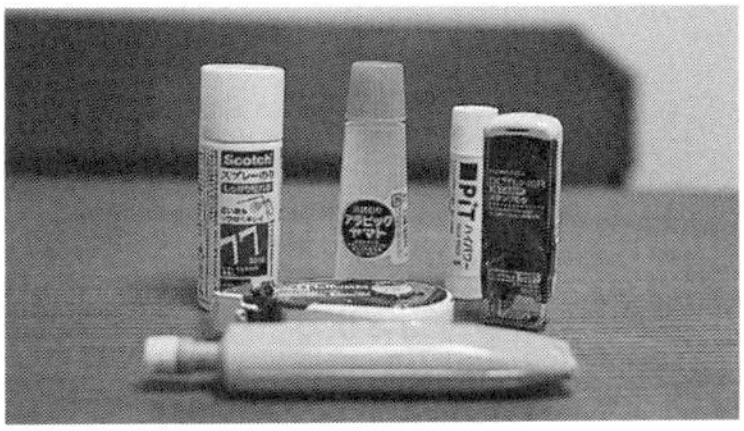

①液体のり→言わずと知れた親しみあるのりです。

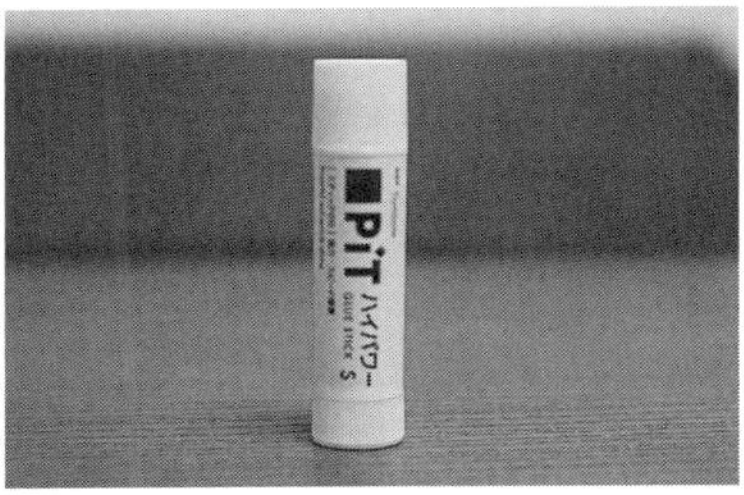

②スティックのり→こちらも定番のアイテムです。

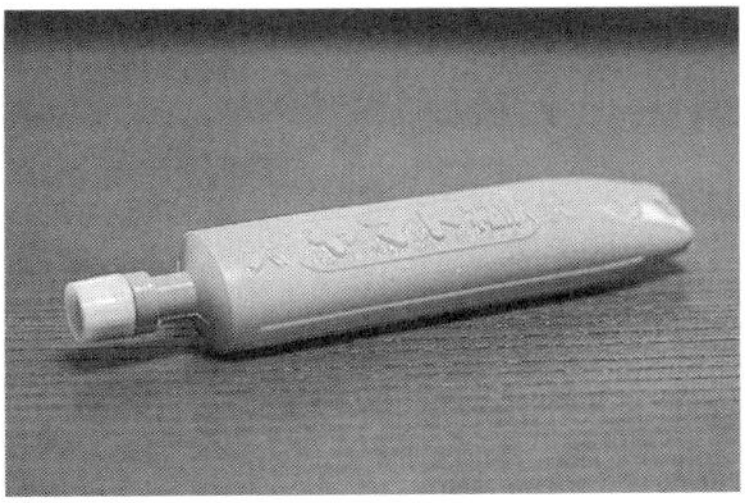

③でんぷんのり→懐かしい気もしますが、いまだに小学校では使っているようです。

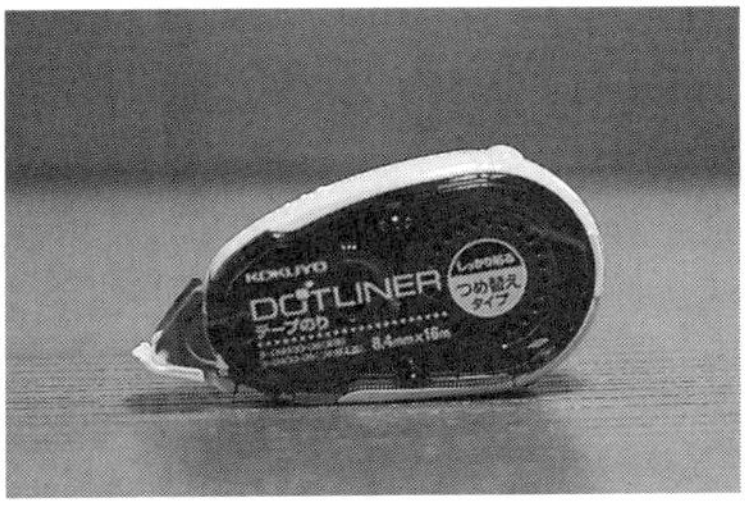

④テープのり→最近はこういう文具も出てきています。

⑤スタンプのり→先ほどのテープのりのスタンプ版です

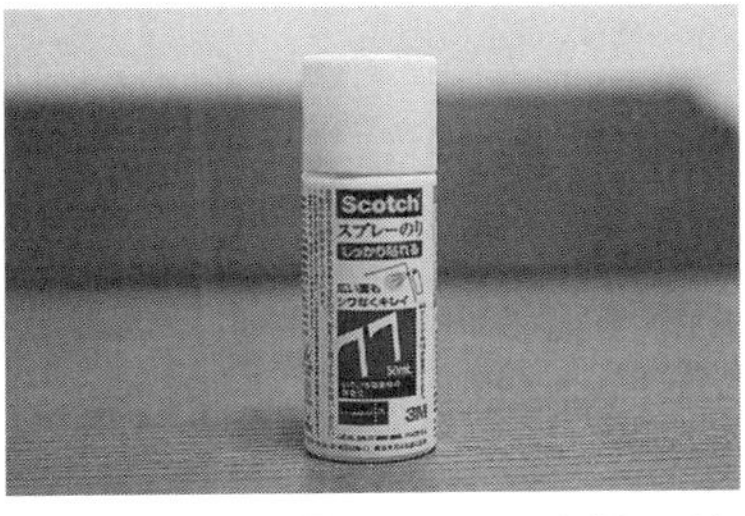

⑥スプレーのり→「広い面もシワなくキレイ」というキャッチフレーズののりです。

謎10

御朱印帳に貼るベストなのりは？

Q

答え

和紙でなければテープのり、和紙ならばスティックのり。

A

書き置きの御朱印を御朱印帳に貼るうえで、最初の関門となるのはサイズの違いです。御朱印帳よりも書き置きの御朱印が小さい場合は問題ありませんが、逆の場合は御朱印の縁をカットする必要があります。この行程に抵抗がある方は、なるべく大きなサイズの御朱印帳を用意しましょう。そうすれば、御朱印が紙いっぱいに書かれている場合にも、端をカットする必要がなくなります。

続いては、のり選びです。これを適当にやってしまうと、せっかく頂いた御朱印がフニャフニャになってしまったり、最悪の場合は破れてしまうこともあります。編集部で実際にさまざまなのりを試してみた結果、最も美しくスムーズに貼れるのはテープのりでした。これを使えば、御朱印がヨレてしまったり、朱印がにじんでしまうことはありません。

ただし、書き置きの紙が和紙の場合、テープのりだとベリベリと剥がれてしまうことがありました。和紙の場合は、スティックのりを使って貼るのが最もいい仕上がりになりました。書き置きの御朱印を貼る場合には、ぜひ参考にしてみてください。

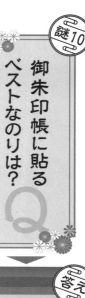

②スティックのり→液体に比べてぬりにくさはありますが、見た目的には「のり」をぬった感はありません。

④テープのり→どののりよりもぬりやすく、スムーズに貼り付けられました。貼ったあとの見た目も美しい仕上がり!

ただし和紙を使った書き置き御朱印を貼ろうとしたところ、紙がのりにもっていかれてはがれてしまいました。和紙との相性は悪いようです。

⑥スプレーのり→まず、スプレーで狙いを定めるのが難しいです。また、周囲にも噴射されてしまうので新聞紙などをひいたほうがよさそうです。とはいえ、紙にだいぶ染み込むので、見た目は美しく仕上がりません。

書き置き御朱印対応している寺社などではオリジナルのクリアケースが用意されていることも。このようなクリアファイルに保管するのもいいと思います。

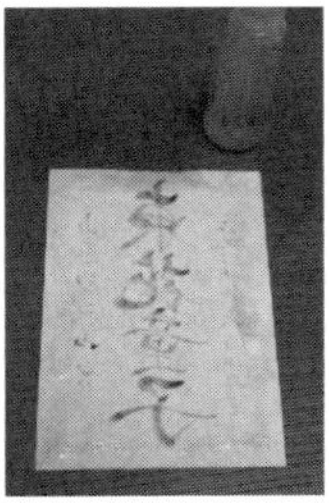

①液体のり→液体のため、案の定、薄い紙だと「のり」をぬった感が如実にわかります。貼ったあとものりがぬられている部分がフニャフニャになりました。

③でんぷんのり→予想通りではありますが、貼ったあとも時間が経つにつれてどんどん紙がふやけていきました。

⑤スタンプのり→押せる場所を四隅にした場合、真ん中がスカスカになってしまうため、数ヶ所にスタンプしたのですが、結構な労力でした。いずれにせよ、横から見ると隙間ができてしまい、きれいには貼れないようです。

和紙でなければ「テープのり」がベスト! 和紙だった場合は、「スティックのり」で! もしくは、別途保管!

謎11

御朱印帳に挟む「はさみ紙」って何？

答え

朱印の色うつりがないように挟む紙のことです。

書き入れの御朱印が頂ける寺社の場合、大抵が書いたあとに紙を挟んでくれます。これは、墨書きや朱印が隣のページに色うつりしてしまうことを防ぐための紙。通称「はさみ紙」と呼ばれています。

御朱印ほど注目されることのないはさみ紙ですが、単に色うつりを防ぐために挟まれた無地の紙だけでなく、実はさまざまな種類があります。例えば、東京都の青梅市にある常保寺では、寺院の歴史や、祀られている仏さまの紹介、禅宗の説明、さらにはオリジナルのイラストなど、多種多様な情報が印刷されたはさみ紙が用いられています。その数、なんと50種類以上！　御朱印にも負けないほどの力の入れようで、はさみ紙も同時に集めている人も少なくないそうです。確かに、これだけ立派なはさみ紙だと捨てるのがもったいなくなってしまいます。

この他にも、寺社のスタンプが押されているものや、神勅（神さまのお告げ）が印刷されているもの、御朱印の説明書きがなされているものなど、注意深く見てみるとはさみ紙には、さまざまな工夫が施されていることがわかります。

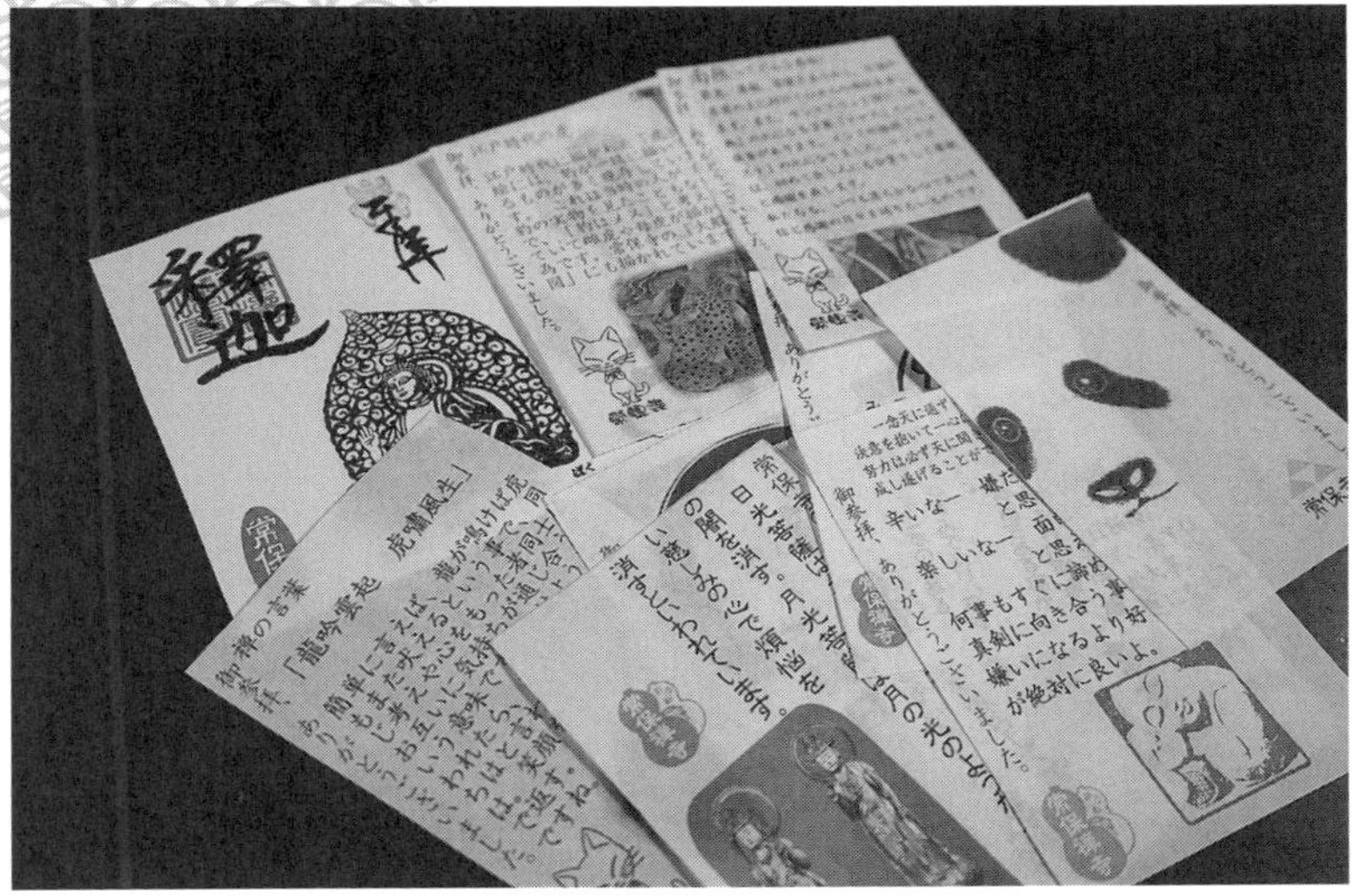

東京都青梅市にある常保寺で使われているはさみ紙。ひとつひとつが目を引くデザインになっており、読み物としても十分に楽しむことができます。

御朱印を頂いたあとの、はさみ紙の扱いには、特に決められた作法はありません。もちろん処分してしまっても構いませんが、なかには御朱印帳に貼り付けたり、はさみ紙用のファイルを用意して保管している方もいます。

ただし、ずっと御朱印張に、挟んだままにしておくのは控えましょう。そのままの状態で墨書きや朱印が乾いてしまうと、はがそうとする時にせっかくの御朱印が破れてしまうこともあるので気をつけましょう。

また、別の寺社で御朱印を頂く際に、はさみ紙を挟んだままにしておくと、書く際に邪魔になってしまうことがあります。開いた時に風で飛ばされてしまうなど、紛失の原因にもなるので、新たに御朱印を頂く際には外しておいた方が無難です。

謎12

見開きの御朱印って何？

Q

答え

2ページにわたって書かれる御朱印のことです。

A

神社でも寺院でも、基本的な御朱印は縦長で、御朱印帳の1ページ分に収まるサイズになっています。しかし、寺社によっては御朱印帳の見開き（2ページ分以上）の御朱印を頒布しているところもあります。

見開きの御朱印は、2ページに渡って迫力のある墨字が書かれたり、横長の紙面を活かして絵が描かれたりとさまざまです。絵入りのものは、その場で描いていただける場合もあり、絵が誕生する瞬間に立ち会えます。絵柄が細かいものや、彩色が多いものは、書き置きというケースも少なくありませんが、大きなサイズのものはやはり特別感があります。

最近は、蛇腹式の御朱印帳の形を活かし、3ページ分を使った御朱印や、6ページに渡る巨大な御朱印なども見られます。複数ページに渡って描かれた御朱印は、まるで絵画を見ているかのよう。何度も見返したくなるような魅力があります。基本的にはページ数が増えるのに伴って、授与料も増すことになります。

　こうして数ページに渡る御朱印は、持参したものではなく、そこの寺社で購入した御朱印帳にのみ書いていただけるというケースもあるので、事前に確認してみてください。また、絵入りの御朱印の場合、特定の書き手の方がいないと頂けないので、その点も注意が必要です。持参の御朱印帳に頂ける場合にも、片方のページが空いていると、次のページに書いていただくことになるので、ページを順番に埋めていきたい方は見開き専用の御朱印帳を用意するといいでしょう。

　見開きの御朱印を頂く場合、どうしても真ん中に折り目がついてしまうことになります。これを避けたいという方には、最初から見開きサイズになった横長の御朱印帳もあります（P163参照）。これを利用すれば、折り目のない一枚絵の御朱印を楽しむことができます。

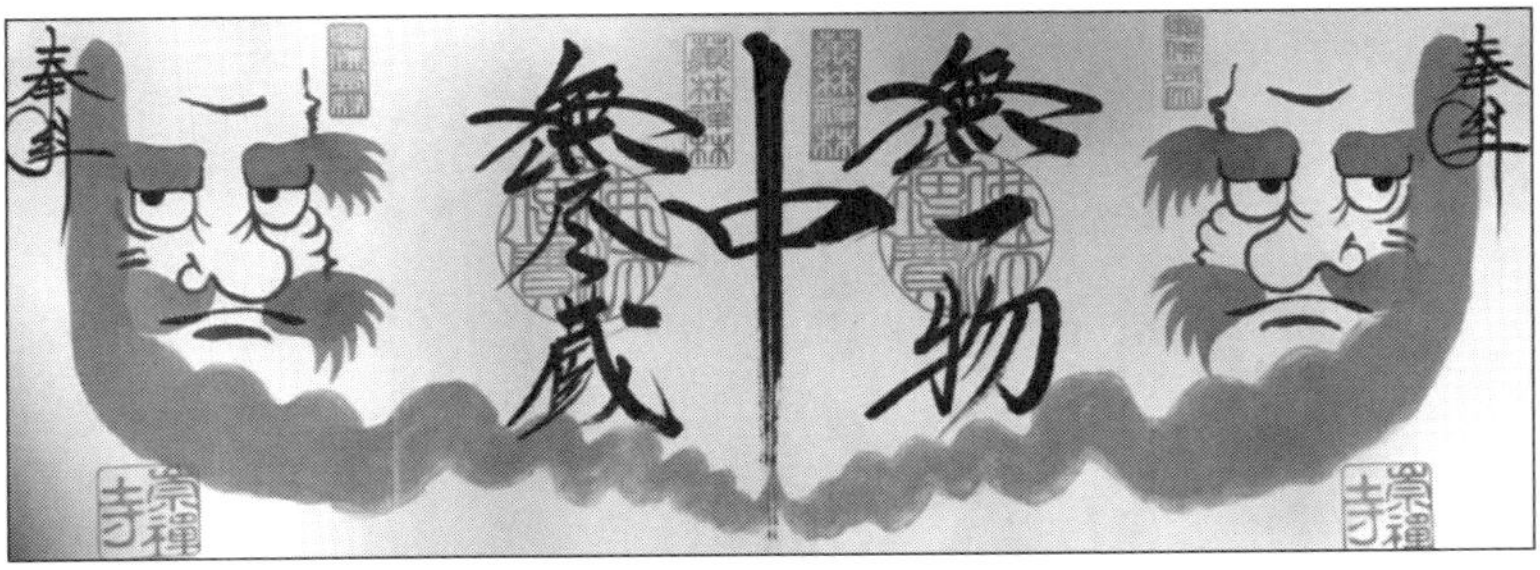

群馬県にある崇禅寺の4ページ分の大作。2度参拝することで完成する御朱印で、1度目で右2ページ、2度目で左2ページに書き入れしていただけます。

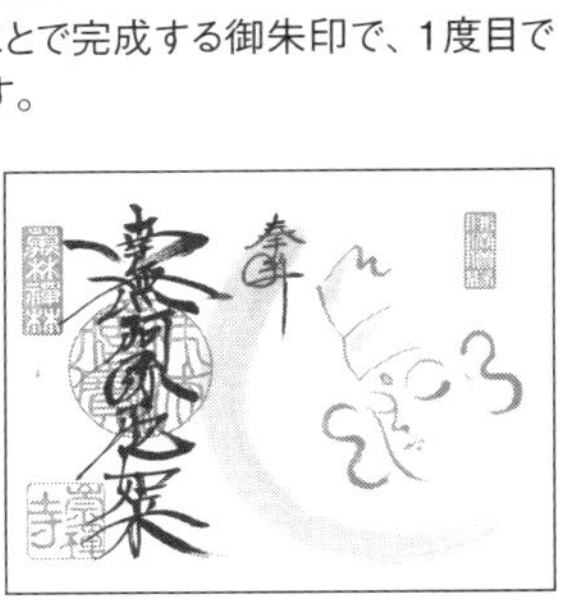

崇禅寺で常に授与されている御朱印で、見開きで頂くことができます。

崇禅寺の季節限定御朱印です。月ごとの御朱印もすべて見開き仕様。

謎13

期間限定の御朱印って何？

Q

答え

特別なイベント、月替わり、季節限定の御朱印のことです。

A

御朱印が目まぐるしく多様化していくなかで、最近では「期間限定の御朱印」を頒布する寺社も増えてきています。

これは、正月やひなまつりといった行事の際や、秘仏のご開帳、開創○○年など、特別なイベント時にのみ頂くことができる御朱印のこと。通常頒布されているものとは異なるデザインで、華やかな御朱印になるのが一般的です。

そのときにしか頂けない御朱印を求めて多くの参拝者が訪れるため、混雑は避けられませんが、どんなときも礼節は欠かないように気をつけましょう。また、待ち時間も通常より長くなることを覚悟しておいたほうがいいかもしれません。

イベント以外でも、月替わりで限定の御朱印を頒布している寺社もあります。こちらは、季節に応じた花や風景を描いたものや、通常とは異なる色の印が押されたものなどが多く見られます。墨書きと朱印だけでなく、イラストが描かれたものも多く、御朱印帳の中に彩りを与えてくれます。

九重神社の御朱印。季節ごとに背景の御神木の色が変わります。見開き2ページにわたる押印のため、蛇腹式の御朱印帳のみに押印してもらえます。

埼玉県川口市の九重《ここのえ》神社では、スダジイの御神木を描いた通常の御朱印に加え、秋、冬、安行桜、春、新緑、梅雨、夏という7種類の季節限定御朱印を頒布しています。さらに、年間を通じて参拝を続け、すべての御朱印を集めると、金色に輝く御神木が描かれた特別な御朱印を頂くことができます。単なる話題作りではなく、御朱印をきっかけに寺社と参拝者の距離を近づける目的で頒布されていることが多いようです。

しかし、なかには限定ということの希少価値を強調して、ネットで御朱印を売買しているケースも見られます。繰り返しになりますが、御朱印は参拝の証として頂くものであって、商品ではありません。そのことは常に心に留めておきましょう。

謎14

御朱印を頂けない神社や寺院がある？

答え

浄土真宗はその宗旨から授与していません。

　ここまでに何度か触れてきましたが、参拝をしたからといって必ずしも御朱印が頂けるというわけではありません。法要や祈祷などの都合でご住職や宮司さんが不在の場合や、参拝時間外には、書き置きの御朱印があることはあっても、お書き入れをしていただくことはできません。

　こうした状況以外にも、御朱印が頂けないケースというのがいくつかあります。例えば、人が常駐していない神社や寺院では、当然のことながら御朱印は頒布されていません。場合によっては、その地域にある別の寺社が兼務していることもあり、そちらに伺えば参拝を前提に御朱印を頂くこともできますが、そもそも御朱印が存在しない寺社もあります。

　もう一点、御朱印めぐりをするうえで覚えておきたいのが浄土真宗の寺院に関することです。浄土真宗では、参拝は1度きりで終わりにするものではなく、日常に寄り添ったものであるという宗旨から、御朱印の授与は行なわれていません。そのため、御朱印を頂けないのが通常です。

　京都の東本願寺では、御朱印の授与がない理由について次のような説明がなされています。

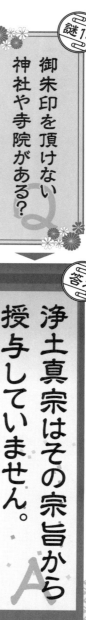

「回ったお寺の数だけ朱印が増えていくことは楽しみでありましょう。また、八十八箇所とか三十三所というように決められた場所をすべて回ったときには、何らかの達成感があることもわかります。でも、ちょっと待ってください。お寺とは朱印を集めるためにお参りするところなのでしょうか。それならば、一度朱印をもらえば、二度とお参りすることはないでしょう。大事なのはお参りしたことがあるかどうかではなくて、お参りして教えに出遇《あ》ったかどうかです。また、どんな教えに出遇ったかということであるはずです。」（真宗大谷派東本願寺公式ＨＰより）

ただし、浄土真宗の寺院でも場所によっては御朱印ではなく、短い法話やイラストが描かれた「法語印」や「参拝記念」という形で授与しているところもあります。

京都にある真宗佛光寺派の寺院・佛光寺では、参拝記念として御朱印ではなくイラスト入りの「法語印」を頂くことができます。

謎15

朱印判は何でできている？

Q

答え

昔は木版、現在はゴム印が主流ですが変わり種もあります。

A

カラフルな色使いや絵入りなど、御朱印のスタイルは多様化し続けていますが、基本となるのは墨書きと朱印の組み合わせです。

朱印については、以前は木版で作られているものが一般的でした。しかし、木版は耐久性に欠くことから、最近ではゴム印が使われることが多くなっています。いずれの場合も、使い続けていくことで消耗は避けられないので、一定期間使ったあとには作り変えられることになります。

変わったものでいえば、山梨県の甲府市にある金櫻《かなざくら》神社では、水晶を彫った朱印が使われています。こちらは「日本水晶発祥の地」といわれている神社。他にはない巨大な水晶判は一見の価値があります。

朱印を押すための朱肉の独自性で知られているのは、富士山頂に鎮座する浅間大社奥宮です。こちらの朱肉には、富士山の霊石（溶岩）を砕いだものが混ぜられており、やや茶色がかった特殊な発色の朱印を頂くことができます。

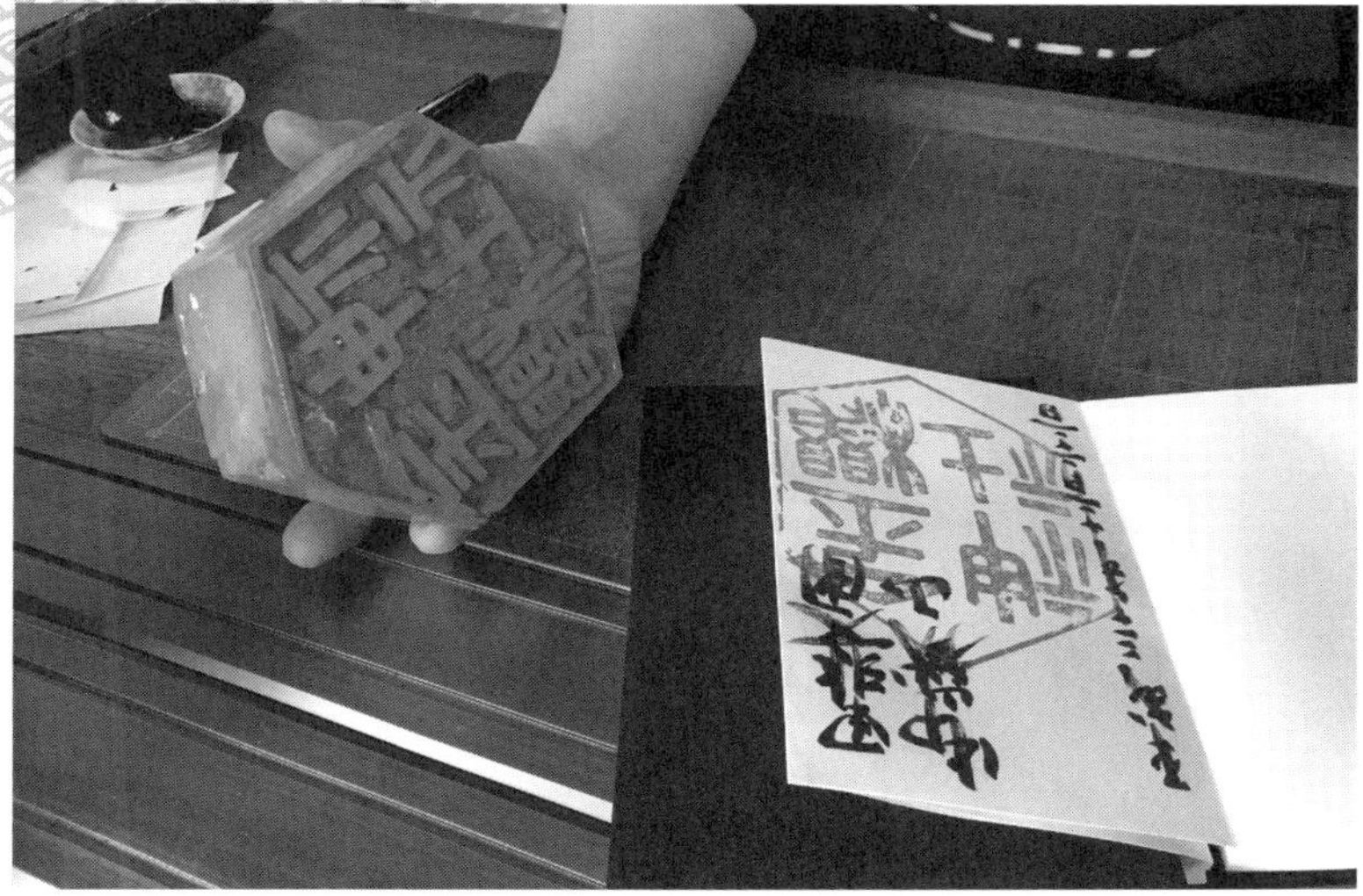

金櫻神社の御朱印で使われている水晶判。手のひらと同じくらいの大きさがあります。

見るからにずっしりとした重量感のある水晶。石そのものからもエネルギーが感じられます。

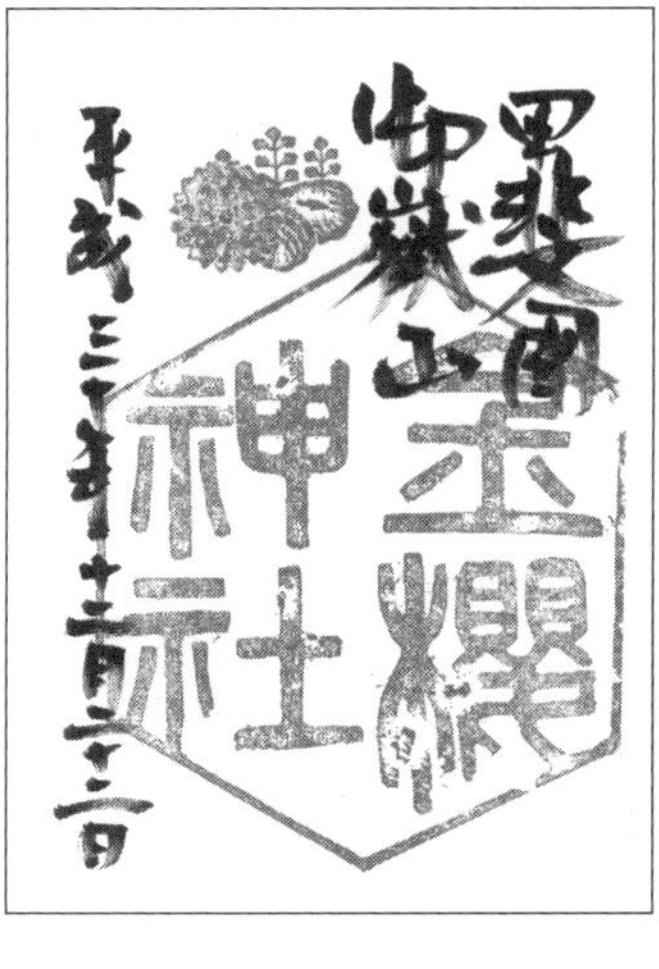

金櫻神社の御朱印。硬い鉱石で作られているからこその、シャープな輪郭が特徴的です。

謎16

納経する際は何を写経すればいい？

答え

般若心経が一般的でほとんどの宗派でＯＫです。

現在は参拝の証として頂くものという認識が定着している御朱印ですが、もともとは写経を納めた証として授与されていたものでした。こうした位置付けは完全に過去のものになったわけではなく、現在でも写経を納めることで御朱印を授与していただけるという寺院（Ｐ68参照）は少なからず存在しています。

写経というのは、読んで字のごとく「お経を書き写す」ことです。仏教における修行のひとつとして知られていますが、最近では日々のストレスを忘れたり、気分転換のためだったりと、気軽な趣味として行なう人も増えてきています。

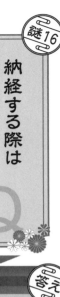

写経を寺院に納めること（納経）が、御朱印を頂くための条件となっている場合、どのお経を題材にすればいいのでしょうか？　寺院によっては、宗祖の起請文などが指定されていることもありますが、一般的には般若心経を納めることが多いようです。

般若心経とは、大乗仏教の経典のひとつで、浄土真宗を除く複数の宗派において読誦《どくじゅ》経典として広く用いられています。わずか300字足らずの本文に大乗仏教の心髄が説かれているとされており、写経に使われる題材としても一般的です。

未経験の人にとってはハードルが高いと思われがちな写経ですが、字の上手さが問われることはほとんどありません。大切なのは一文字一文字としっかり向き合い、最後まで書き遂げること。そうすることで、今だけに集中して、自分自身と向き合うことができます。きっと、すべてを書き終えたときには心がすっきりしている実感を得られるでしょう。

こうした体験を経て授与された御朱印には、特別な思いがこもるはずです。その思い入れこそが、写経を行なう意味にもなります。御朱印めぐりをするうえで、ぜひ1度は写経を体験してみることをオススメします。

摩《ま》訶《か》般《はん》若《にゃ》波《は》羅《ら》蜜《みっ》多《た》心《しん》経《ぎょう》

観《かん》自《じー》在《ざい》菩《ぼー》薩《さつ》　行《ぎょう》深《じん》般《はん》若《にゃー》波《はー》羅《らー》蜜《みー》多《たー》時《じー》　照《しょう》見《けん》五《ごー》蘊《おん》
皆《かい》空《くう》　度《どー》一《いっ》切《さい》苦《くー》厄《やく》　舎《しゃー》利《りー》子《しー》　色《しき》不《ふー》異《いー》空《くう》　空《くう》不《ふー》
異《いー》色《しき》　色《しき》即《そく》是《ぜー》空《くう》　空《くう》即《そく》是《ぜー》色《しき》　受《じゅー》想《そう》行《ぎょう》識《しき》　亦《やく》復《ぶー》
如《にょー》是《ぜー》　舎《しゃー》利《りー》子《しー》　是《ぜー》諸《しょー》法《ほう》空《くう》相《そう》　不《ふー》生《しょう》不《ふー》滅《めつ》　不《ふー》垢《くー》
不《ふー》浄《じょう》　不《ふー》増《ぞう》不《ふー》減《げん》　是《ぜー》故《こー》空《くう》中《ちゅう》　無《むー》色《しき》無《むー》受《じゅー》想《そう》行《ぎょう》識《しき》
無《むー》眼《げん》耳《にー》鼻《びー》舌《ぜっ》身《しん》意《にー》　無《むー》色《しき》声《しょう》香《こう》味《みー》触《そく》法《ほう》　無《むー》眼《げん》界《かい》乃《ない》
至《しー》無《むー》意《いー》識《しき》界《かい》　無《むー》無《むー》明《みょう》亦《やく》無《むー》無《むー》明《みょう》尽《じん》　乃《ない》至《しー》無《むー》老《ろう》死《しー》
亦《やく》無《むー》老《ろう》死《しー》尽《じん》　無《むー》苦《くー》集《しゅう》滅《めつ》道《どう》　無《むー》智《ちー》亦《やく》無《むー》得《とく》　以《いー》無《むー》
所《しょー》得《とく》故《こー》　菩《ぼー》提《だい》薩《さつ》埵《たー》　依《えー》般《はん》若《にゃー》波《はー》羅《らー》蜜《みー》多《たー》故《こー》　心《しん》無《むー》
罣《けい》礙《げー》　無《むー》罣《けい》礙《げー》故《こー》　無《むー》有《うー》恐《くー》怖《ふー》　遠《おん》離《りー》一《いっ》切《さい》顛《てん》倒《どう》夢《むー》
想《そう》　究《くー》竟《ぎょう》涅《ねー》槃《はん》　三《さん》世《ぜー》諸《しょー》仏《ぶつ》　依《えー》般《はん》若《にゃー》波《はー》羅《らー》蜜《みー》多《たー》故《こー》
得《とく》阿《あー》耨《のく》多《たー》羅《らー》三《さん》藐《みゃく》三《さん》菩《ぼー》提《だい》　故《こー》知《ちー》般《はん》若《にゃー》波《はー》羅《らー》蜜《みー》多《たー》
是《ぜー》大《だい》神《じん》呪《しゅー》　是《ぜー》大《だい》明《みょう》呪《しゅー》　是《ぜー》無《むー》上《じょう》呪《しゅー》　是《ぜー》無《むー》等《とう》等《どう》呪《しゅー》
能《のう》除《じょー》一《いっ》切《さい》苦《くー》　真《しん》実《じつ》不《ふー》虚《こー》　故《こー》説《せつ》般《はん》若《にゃー》波《はー》羅《らー》蜜《みー》多《たー》呪《しゅー》
即《そく》説《せつ》呪《しゅー》曰《わつ》　羯《ぎゃー》諦《てい》羯《ぎゃー》諦《てい》　波《はー》羅《らー》羯《ぎゃー》諦《てい》　波《は》羅《ら》僧《そう》羯《ぎゃー》諦《てい》
菩《ぼー》提《じー》薩《そ》婆《わ》訶《かー》　般《はん》若《にゃ》心《しん》経《ぎょう》

浄土真宗を除き、宗派を問わず写経の題材に使われる般若心経。約300字というボリュームなので、初心者でもあまり気構えることなく始められます。

謎17

「重ね印」ってどんな御朱印？

Q

答え

一度頂いた御朱印の上に重ねて朱印が押されるものです。

A

霊場めぐりなどで、同じ寺院に複数回お参りをする場合、「重ね印」という御朱印の頂き方があります。これは、1度目の参拝で頂いた御朱印の上に、2度目以降は墨書きはせず朱印だけを押していただくという受け取り方。回数を重ねるごとに、紙面が朱印で埋め尽くされ、参拝を繰り返すごとに真っ赤になっていくというものです。

重ね印の起源については諸説ありますが、霊場めぐりはめぐればめぐるほどいいとされていることから、こうした考えが元になっているようです。同じ寺院に何度も参拝することは、功徳を重ねることになり、これによって心願が成就すると考えられています。想いを分散させるより、ひとつに重ねていくほうが強まっていくといったイメージでしょうか。

現在は、四国八十八ヶ所や西国三十三ヶ所などの霊場で盛んに行なわれています。ページが隙間なく朱印で埋め尽くされた納経帳からは、そこに込められた想いの強さを感じることができます。

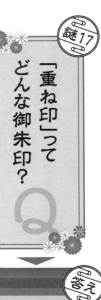

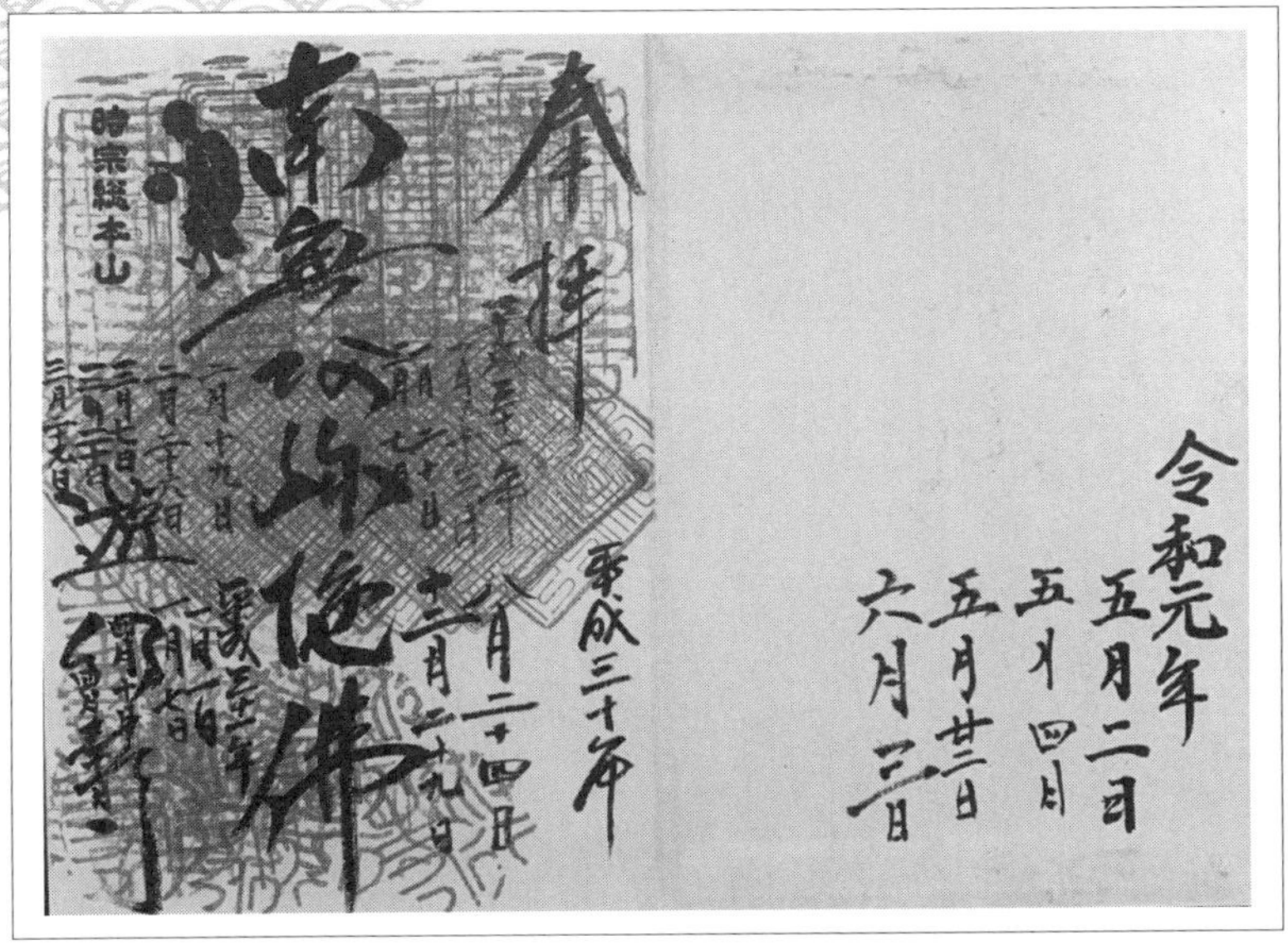

神奈川県藤沢市にある時宗総本山「遊行寺」の御朱印の重ね印。1度目は墨書と朱印が押されますが、2度目からは朱印のみが押されます。この見本のように右側に日付を書き入れてもらえる場合もあります。

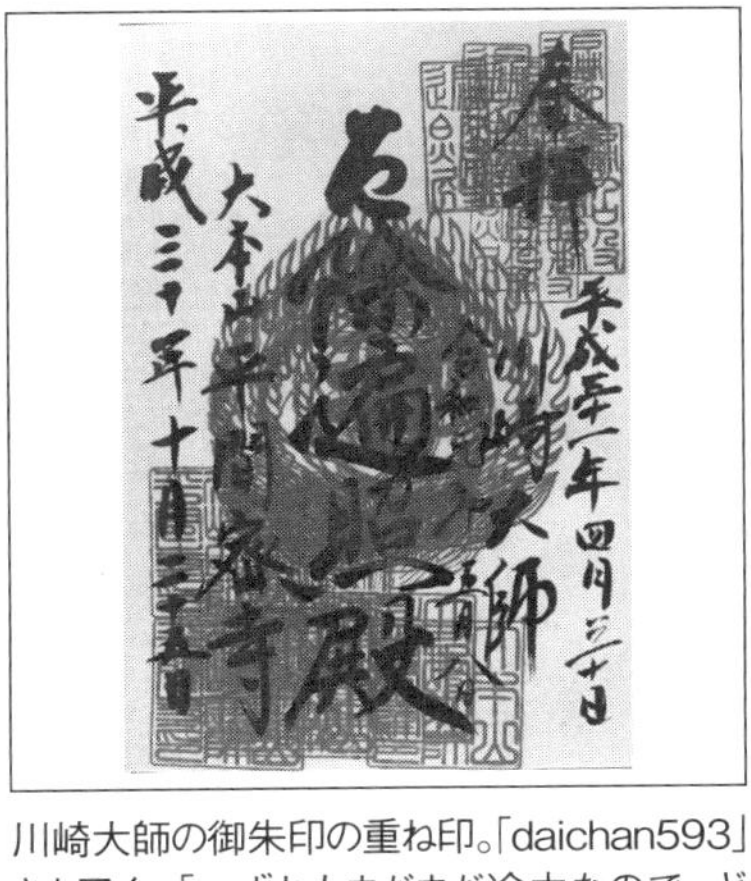

川崎大師の御朱印の重ね印。「daichan593」さま曰く、「いずれもまだまだ途中なので、どんどん重ねて行きたい」とのことでした。

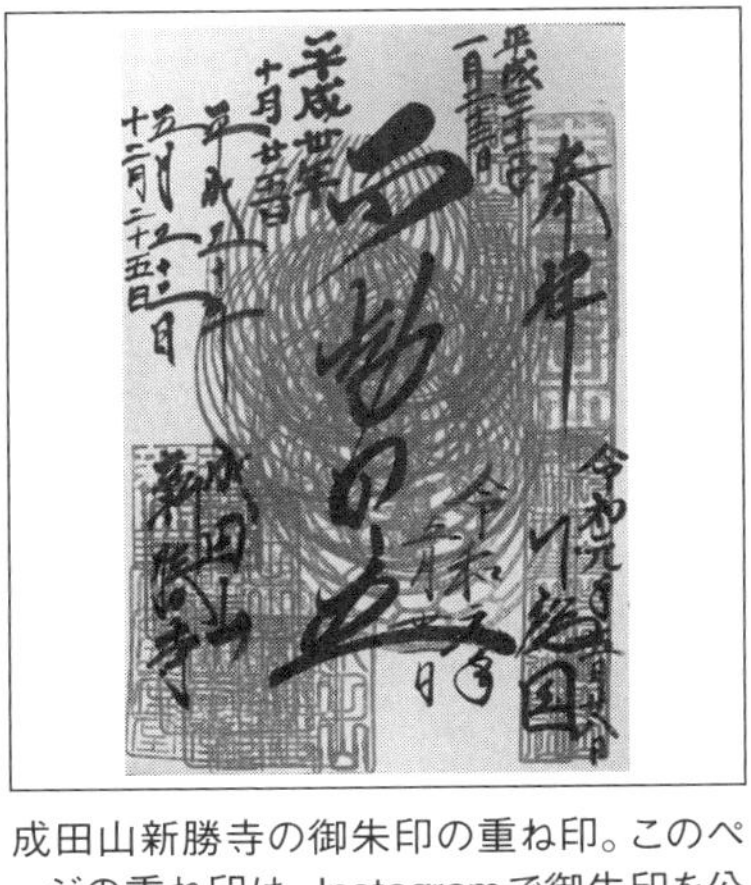

成田山新勝寺の御朱印の重ね印。このページの重ね印は、Instagramで御朱印を公開している「daichan593」さまから提供いただきました。神奈川県を中心に御朱印の重ね印ができる寺院をめぐっているそうです。

謎18

「御首題」って何のこと?

答え

日蓮宗のお題目「南無妙法蓮華経」のことです。

インドで誕生した仏教は、飛鳥時代になって日本に伝来しました。その後、鎌倉時代になってからはさまざまな宗派が誕生。現在は、13宗(華厳宗、法相宗、律宗、真言宗、天台宗、日蓮宗、浄土宗、浄土真宗、融通念仏宗、時宗、曹洞宗、臨済宗、黄檗宗《おうばくしゅう》)が伝統仏教として位置付けられています。

このなかでも、日蓮宗にだけあるのが「御首題」です。これは日蓮宗の寺院に参拝した際に授与される証のこと。イメージとしては御朱印に近いものですが、より信仰の意味合いが強く、基本的には日蓮宗の信者にのみ授与されています。

御首題は、中央に「南無妙法蓮華経」の題目が書かれ、その左右には法華経の文言や寺院の縁起に因む文言、日付、寺院名などが揮毫《きごう》されるのが一般的です。これに加え、寺院ごとの朱印が押されます。また、御朱印を授与していただくために御朱印帳があるように、御首題には御首題帳という専門の冊子があります。

御首題で使われる文字は、宗祖・日蓮の書体を模したもので、通称「髭文字」または「髭題目」と呼ばれています。書き手によって差はありますが、左右に長く伸びた線が特徴的で、まさに髭のように見えることから、その名が付けられました。

このように独自の文化をもつ日蓮宗寺院ですが、信者以外の参拝が認められていないわけではありません。さらにいうと、日蓮宗以外の参拝者には御朱印の頒布も行なわれています。つまり、日蓮宗信徒である参拝者には御首題を、それ以外の参拝者には御朱印を授与しているということです。

一般に日蓮宗寺院では、「妙法」と書かれた御朱印が授与されています。参拝のうえで頂くというのは他の寺院と同じなので、礼節を守ってお参りしましょう。

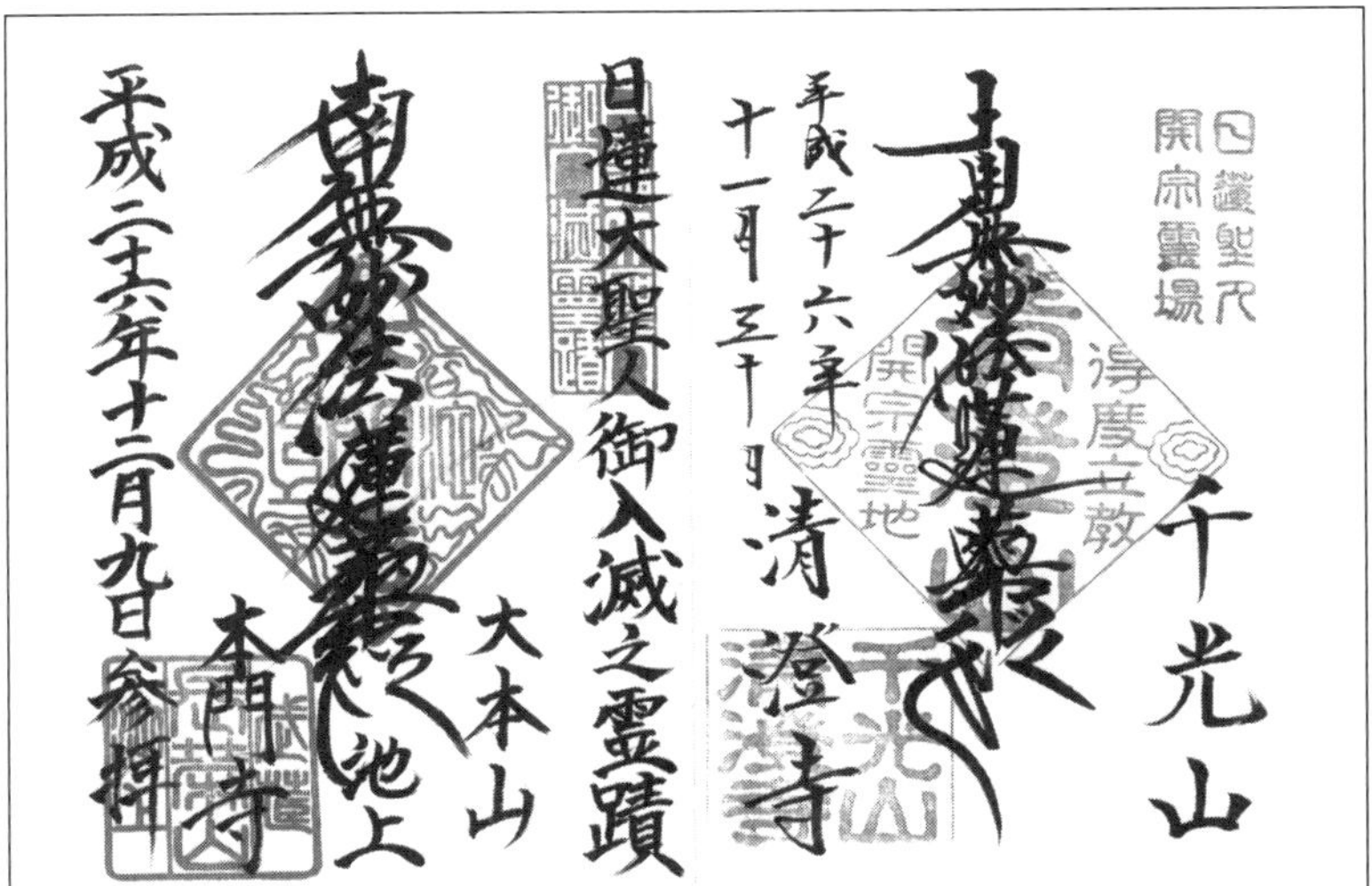

池上本門寺と清澄寺の御首題。「南無妙法蓮華経」という題目や、朱印の配置は同じですが、寺院によって髭文字にオリジナリティが感じられます。

謎19

「牛王宝印」ってどんな印なの？

Q

答え

御朱印のルーツとも呼ばれる厄除けの護符です。

A

神社や寺院で授与されるお札やお守りにはさまざまな種類がありますが、そのなかでも特に強い力をもつものとして知られるのが「牛王宝印《ごおうほういん》」です。

牛王宝印とは、厄除けの護符の一種で、御朱印のルーツのひとつとも言われています。八坂神社や東大寺、高野山の寺院など、一部の寺社で授与されていますが、特に有名なのが熊野三山（本宮、新宮、那智）で頒布されている熊野牛王符。これは、熊野の神の使いとされる八咫烏《やたがらす》が描かれた半紙大のもので、木版で刷られています。

用途としては、家の中に祀ったり、病床に敷いて平癒を祈願したり、災難除けとして身につけるというのが一般的です。中世から近世にかけては、武士が裏面に起請文を書く用紙として広く使用されました。これは、「熊野の神さまは虚言を正す」という信仰から生じたもので、牛王宝印符に書いた制約を破ると神の使いである八咫烏が死に、同時に起請文を書いた本人も血を吐いて死に、地獄に落ちると信じられていました。

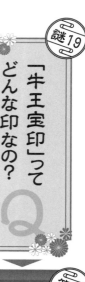

伊豆山神社で授与されている牛王宝印。同神社は、かつて走湯権現《そうとうごんげん》と呼ばれていたことから、「走湯宝印」という文字が刻まれています。

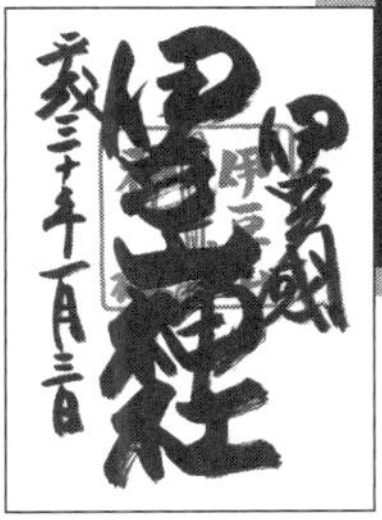

役小角や空海も修行を積んだという伊豆山神社の御朱印。豪快な筆さばきが印象的です。

熊野牛王符が起請文として使われた事例として特に有名なのは、豊臣秀吉が死の間際に徳川家康をはじめとする五大老、五奉行に忠誠を誓わせたというものがあります。また、赤穂浪士も討ち入りを前に、熊野牛王符に起請文を記し、誓約を交わしたとされています。

江戸時代には、遊女が客との間で熊野牛王符を用いた誓約を交わし、擬似的な結婚をするのが流行したという記録も残っています。上方落語の演目にある『三枚起請』は、熊野牛王符で誓約を交わした遊女と客のドタバタ劇が題材となっています。

なお、熊野本宮大社で行なわれる神前結婚式では、現在でも誓詞の裏に熊野牛王符を貼るというしきたりがあります。

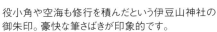

謎20

寺社以外でも御朱印を頂ける？

Q

答え

城ならば「御城印」など、御朱印に似たものがあります。

A

昔から観光地には記念スタンプというものが置かれていますが、最近では単なるスタンプではなく、御朱印のように墨書きと朱印で構成された記念紙を授与する場所が増えています。その代表例が「御城印」と呼ばれるもの。名前の通り、お城で頂くことができる記念紙です。御城印は1990年頃に、松本城で頒布されたのが最初だとされています。お城の名前が墨書きされ、城主の家紋が朱印で押されているというのが基本的な構成で、なかにはイラスト入りのものもあります。現在は、会津若松城や名古屋城、松江城など、全国各地のお城で頂くことができます。ただし、御朱印と違ってほとんどが印刷物となっています。

お城と同じく日本の史跡である天皇陵でも、「天皇陵印」という印が頂けます。天皇陵印は、初代の神武天皇から第124代目にあたる昭和天皇のものまであり、全国5ヶ所の陵墓（古市陵墓、畝傍陵墓、月輪陵墓、桃山陵墓、多摩陵墓）をめぐることでそろえられます。なお、天皇陵印は授与所で頂くものではなく、自分で捺印する形式になっています。

熊本県では、「長崎と天草地方の潜伏キリシタン関連遺産」が世界遺産登録されたことを記念して、2018年から「崎津三宗教御朱印」というものが授与されています。これは、曹洞宗普慶軒(仏教)、崎津諏訪神社(神道)、崎津教会(キリスト教)の三宗教が合同で頒布しているもので、3ヶ所を参拝すれば頂くことができます。

この他にも、庭園名所や鉄道駅、美術館などで、墨書と朱印を組み合わせた記念紙が授与されている場所がありますが、いずれも記念スタンプの延長上であり、構成は似ていても御朱印とは別物です。優劣や上下の関係があるわけではありませんが、あくまで別々のものであると理解したうえで、それぞれを楽しみましょう。

会津にある鶴ヶ城の御城印。「登閣記念」と書かれていることから、城めぐりの記念に押してもらえるものだと捉えることができます。

謎21

海外の寺社でも御朱印は頂ける？

Q

答え

ハワイの出雲大社など、頂ける場合もあります。

A

神社は、日本固有の宗教である神道の祭祀施設ですが、国内のみならず海外にも存在します。例えば、日系人の多いハワイには、「ハワイ出雲大社」という神社があります。

ハワイ出雲大社は、島根県にある出雲大社の分社で、日本からの移民によって1906年に創祀されました。主祭神は大國主大神とハワイ産土神《うぶすながみ》。正月の三ヶ日には、日本と同じく初詣が行なわれ、1万人を超える参拝者が訪れます。

そんなハワイ出雲大社では、なんと御朱印を頂くことができます。基本的なお参りの順序は日本と同じで、手水舎でお清めをしたあとに、本堂で参拝。そのうえで、社務所へ向かいましょう。狛犬が「レイ」と呼ばれる花飾りを首に巻いていたり、お賽銭が米ドルだったりと、日本と異なる部分も多く新鮮な驚きがあります。

気になる御朱印の内容は、日本と同様に右上に「参拝」の文字があり、真ん中には「ハワイ出雲大社」という墨書き。紙の中心には朱印が押されています。日本と違うのは日付の部分。ここは英

ハワイ出雲大社で頂くことができる御朱印。横文字で日付を書いてくださるところがさすがハワイならではです。写真提供：「きものうた」ハワイ出雲大社の御朱印ページ https://kimonouta.com/hawaii-izumotaisha/

語で書かれており、「Ａｌｏｈａ！」という墨書も付け加えられます。さらに驚くべきことに、同神社には御守りや御札、オリジナルの御朱印帳まであります。まさに日本の神社が、そのままハワイに来たような祭祀施設です。

神道とは反対に、仏教は海外から日本に入ってきた宗教です。そのため仏教の宗教施設である寺院は、日本以外にも韓国や中国、タイやスリランカなどにもあります。しかし、外国の寺院には御朱印という文化はありません。納経や参拝の証として御朱印を授かるというのは、日本で生まれた独自の文化なのです。

ただ例外的なのが、日本の宗派の寺院が外国にあるケースです。この場合には、海外の寺院であっても、御朱印を頂ける場所もあるようです。

Column.04

菊池洋明の推し御朱印

これがすごい！

建長寺

〒247-8525
神奈川県鎌倉市山ノ内8
宗派：臨済宗建長寺派（大本山）
御本尊：地蔵菩薩

「南無地蔵尊」と書かれた墨書きの繊細で流れるような筆致、絶妙なバランス、デザインされた配置。「これこそアート！」と感じさせてくれる見事な御朱印です。右上に御本尊である地蔵菩薩の御影に、中央は「仏法僧宝（三宝印）」、左上には「人材を広く天下に求め育成する禅寺」という意味の建長寺を象徴する言葉「天下禅林」、左下には「建長寺」と押印されています。毎回どんな書体の御朱印を頂けるかはお楽しみ。それも御朱印集めの醍醐味のひとつです。

建長寺とは？

臨済宗の寺格制度である鎌倉五山の第一位のお寺で、古都鎌倉を代表するお寺の1つです。鎌倉幕府第5代執権・北条時頼を開基とし、南宋の名僧・蘭渓道隆を開山（初代住職）とする格式と歴史をもちます。広大な美しい境内は、国の史跡及び名勝に指定されており、また、三門（山門）、仏殿、法堂、唐門など、境内の各建造物の多くが国の重要文化財に指定されており、散策するのにぴったりのお寺です。

第5章

謎

詳しく知りたい！

御朱印帳のかなり気になる謎

どうやって選べばいいですか？

「御朱印帳はどこで購入できるのか？」「最初の1冊目を迷ってしまう」など、御朱印を授与するための御朱印帳についても、実はさまざまな疑問をお持ちの方がいらっしゃるようです。御朱印めぐりに欠かせないアイテムだからこそ、しっかりと知っておけば、より快適な御朱印めぐりができるはずです。

謎01

御朱印帳はどこで購入するの?

Q

答え

各寺社や専門店、文房具店などで購入できます。

A

御朱印めぐりを始めるために、唯一必要となるアイテムが〝御朱印帳〟です。これは、寺社で御朱印を頂くための冊子のこと。自分がいつどこの寺社を参拝したのかが刻まれる記録帳のようなものになります。

御朱印帳を手に入れるのに最も一般的なのは、お参りに行った際に寺社で授与していただくという方法です。御朱印を頒布している寺社では、オリジナルの御朱印帳を用意している場合が多く、参拝の際に手に入れることができます。

初めて御朱印を頂く方は、参拝後に授与所で御朱印帳を頂きたい旨を伝えましょう。その際、参拝した寺社の御朱印も頂くことができるので、御朱印めぐりで最初にお参りする場所は御朱印帳のデザインで選ぶという方も多いようです。もちろん、御朱印帳と御朱印はセットというわけではないので、基本的には持参した御朱印帳に御朱印を頂くこともできますし、御朱印帳だけを単体で授与していただくことも可能です。

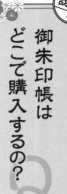

寺社で手に入れることができる御朱印帳。カラーバリエーションやデザインが複数用意されていたり、限定版の御朱印帳があるところもあります。写真は、埼玉県の宝登山神社にて。

御朱印めぐりをする人が増えてきているのに伴い、書店や文房具店などでも御朱印帳を販売しているところが増えています。寺社で手に入れられる御朱印帳は基本的に寺社の名前入りですが、書店などで販売されているものは無記名なものが大半。ただし、デザインは豊富で、カラーや絵柄のバリエーションが多いのはもちろん、人気キャラクターとのコラボレーションデザインの御朱印帳などもあります。

さらに最近では、御朱印帳専門店というのも登場（https://www.goshuincho.com/）。カラーや絵柄のみならず、表紙の素材やサイズも豊富に取りそろえられており、より自分好みな御朱印帳選びを楽しむことができます。御朱印帳のカバーや、バンド、しおりなども販売されているので、自分の好みに合わせてカスタマイズすることも可能です。

謎02

御朱印帳はどうやって選べばいいの？

答え

自由ですが、選び方についてお教えします。

A

御朱印帳の選び方に厳密な規定はありません。用途としても単一なものなので、自分が持ち歩きたくなるようなものを好みで選ぶのがオススメです。

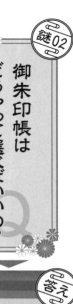

御朱印帳を選ぶ際に、まず決め手となるのはデザインでしょう。先述の通り、御朱印帳にはたくさんのデザインがあります。カラー、絵柄、素材感など、好みのものから選ぶというのが最も一般的です。自分が好きな寺社がある場合には、そこへ参拝した際にオリジナルデザインの御朱印帳を手に入れるといいでしょう。1ページ目に好きな寺社の御朱印を頂くと、それだけで特別な1冊になるはずです。

すでに複数の御朱印帳を使った経験がある方のなかには、サイズや紙質、綴じ方などを基準にしているという人もいます。御朱印帳には規定のサイズがあるわけではなく、ものによって多少の違いがあります。第4章でも触れたように、御朱印帳のサイズによっては書き置きの御朱印を貼り付ける際に、端の部分をカットする必要があることから、あらかじめ大きめのものをチョイスする人も多いようです。

同様に、紙質についても御朱印帳によって差異があるので、両面を使う場合には裏写りしないものを選ぶといいでしょう。綴じ方については、蛇腹式と紐綴じ式という形式があります。3面以上に渡って書かれる御朱印は蛇腹式でしか頂けないので、この点を御朱印帳選びの基準にするという考え方もあります。また、最近では見開き御朱印専用に、はじめから2面分のサイズで作られた御朱印帳なども人気を博しています。

寺社によっては、「神社用と寺院用の御朱印帳を分けるべき」という考えをもっているところもありますが、基本的には1冊の御朱印帳に両方の御朱印を頂くことが可能です。ただし、気になる方は別々に用意して、2冊持ち歩いても問題ありません。

見開き御朱印専用につくられた見開き御朱印帳。見開きで頂ける御朱印が増えてきているため、多くの方に愛用されているそうです。
商品協力:「刺繍縫工処 千糸繍院～SENSHISHUIN～」
http://senshishuin.com/

謎03

御朱印帳には名前を書いてもらえる？

答え

購入した寺社にお願いすれば書いていただける場合もあります。

数えきれないほどたくさんのデザインが存在する御朱印ですが、人気の寺社のものなどは他の人と同じになってしまうことがあるので、自分のものにはしっかりと名前を書いておく必要があります。御朱印帳によっては、表紙に名前を記載するためのスペースがあるので、そこに書いておくと安心です。

しかし、自分が書く字に自信がないという方も多いのではないでしょうか。神社の宮司さんや、寺院のご住職などに墨書きをしていただくことになる御朱印帳ならば、名前も美しい字で書きたいと思うのは当然です。

そんな悩みを抱えている方は、御朱印帳を授与していただいた際に、名前も書いていただけないか伺ってみるのも手かもしれません。その寺社のオリジナル御朱印帳であれば、自分の名前を書き入れていただけることがあります。ただし、混雑時には他の参拝者の方の迷惑になるので控えましょう。

著者が、中尊寺の金色堂でお受けした御朱印帳。新たに授与していただいた際に、名前のお書き入れをお願いしたところ、親切に書いていただくことができました。

もし、日常的に参拝している寺社があれば、そこでお願いしてみるのもいいかもしれません。通常は対応していない場合でも、顔見知りのような関係性であれば書き入れをしていただけることもあります。

自分で描く場合には、筆ペンを用意するといいでしょう。ボールペンやサインペンでは雰囲気が出ませんし、かといって名前を書くためだけに墨や筆を用意するのは一苦労です。筆ペンを使えば、御朱印帳の雰囲気を損なうことなく、気軽に名前書きができるはずです。

もちろん、寺社で名前を書いていただいても、自分で書いても、御朱印帳や御朱印そのものの意味が変わるわけではありません。名前はあくまで自分のものだと確認するために書くもの。あまりセンシティブにならないようにしましょう。

謎04

新しい御朱印帳に頂いてはいけない？

答え

自由ですが、1冊を埋めると達成感はあります。

御朱印帳に関する悩みとして多くの人から聞かれるのが、「新しい御朱印帳を使い始めるタイミング」についての疑問。具体的にいうと、「御朱印帳を最終ページまで埋めていない状態で、新しい御朱印帳を使ってもいいのだろうか？」という疑問です。

これについては、「最終ページまで埋める前に新たな御朱印帳を使用しても問題ない」というのが答えになります。筆者は、御朱印と同じく、御朱印帳との出会いも一期一会だと考えているので、参拝した寺社で気に入ったデザインのものがあれば迷わず購入します。以前は、御朱印帳に対してあまり興味がありませんでしたが、御朱印めぐりを続けていくうちに、「なかなか行けない寺社だから、あのとき購入しておけばよかった……」と後悔することが増えたため、使っている途中のものがあっても、気に入った御朱印帳と出会うと購入するようにしています。

その場合、新たに授与していただいた御朱印帳に御朱印を頂くことになるので、参拝した寺社の順序と、御朱印帳に並ぶ御朱印の順序は一致しなくなります。さらにいえば、最後まで使いきれていない御朱印帳がどんどん増えていくことになります。

こうした状態を批判的に捉える人もいますが、決してマナーを逸脱するような行為ではありません。自分が納得できるかたちであれば、使っている途中の御朱印帳がある状態でも、新たなものを購入・使用しても構いません。

もちろん、1冊の御朱印帳に参拝した順序通りの御朱印が並ぶのは気持ちがいいですし、そうすることでしか味わえない達成感もあります。そうやって1冊を使い切ることで、初めて次の御朱印帳を手に入れるという考え方の人もたくさんいます。

どちらの使い方にも優劣はないので、自分が納得のいく方法で御朱印帳を使用するのがベストだといえるでしょう。

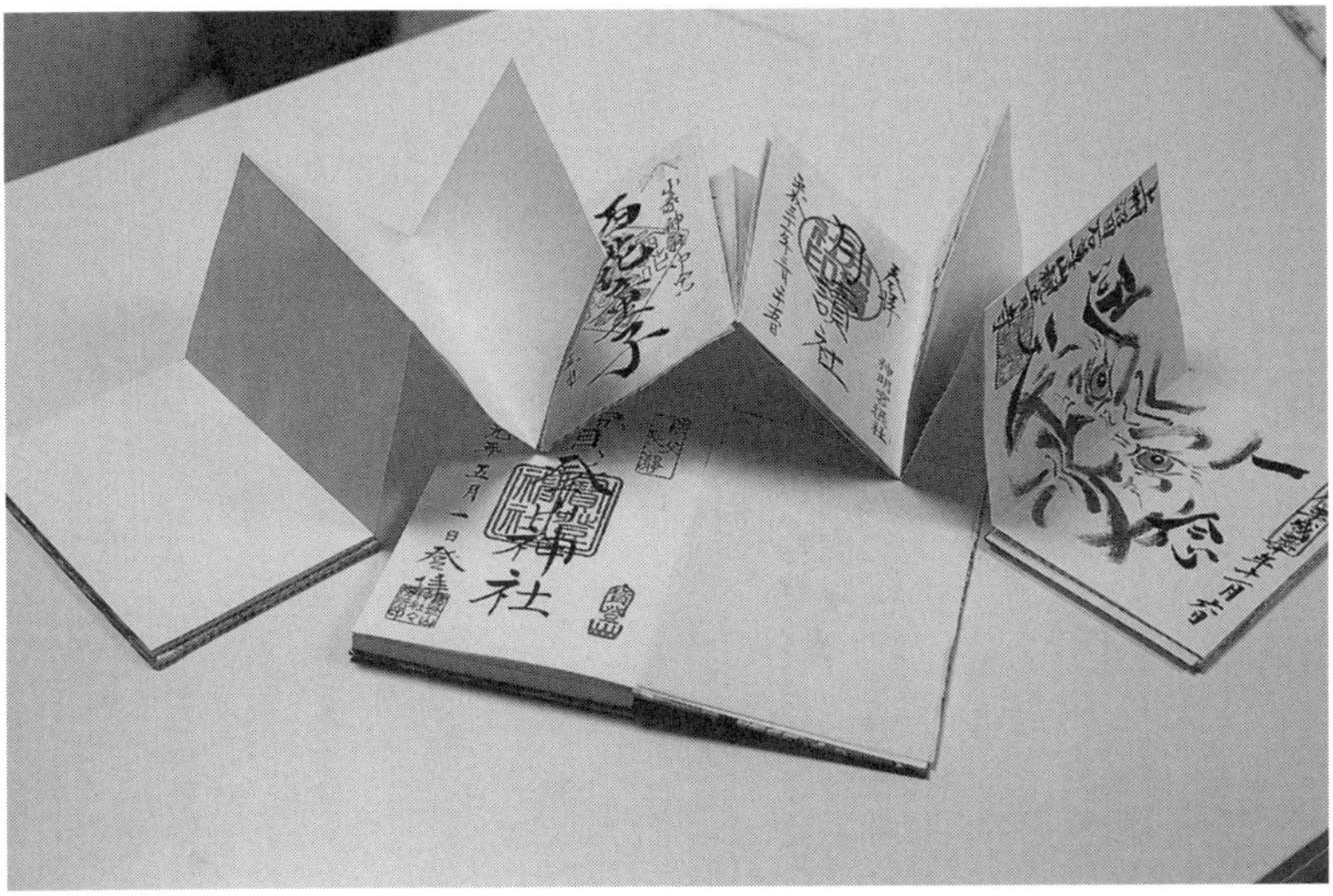

筆者が所有しているいくつかの御朱印帳。1ページ目は、それぞれの寺社の御朱印を頂いており、そのままの状態で止まっているものもあります。

謎05

御朱印帳に御朱印を頂けなかったのだけど……

答え

その寺社で御朱印帳を購入しないと頂けない御朱印もあります。

今や、ひとつの寺社で複数種類の御朱印を授与しているというケースは珍しくありません。しかし、なかには自分の御朱印帳を持って行っても頂くことができない特別な御朱印というものも存在します。

例えば、岩手県の平泉にある中尊寺金色堂では、持ち込みの御朱印帳に対して1ページ大の御朱印が頂けます。それとは別に、同寺のオリジナル御朱印帳とセットでのみ、特別な見開き御朱印を頂くことができるのです。これは、墨書、日付、寺院名、朱印という構成要素は同一ですが、見開きの真ん中に朱印が押され、寺院名が斜めに大きく墨書きされるといった特徴があり、印象は大きく異なります。

これと同じように、岡山県の岡山神社でも、オリジナルの御朱印帳とセットで授与されるときにのみ、通常は朱色で押印される社紋を、緑色で押していただくことができます。これらは特別感があり、思わず見返したくなるような御朱印となっています。

謎06

御朱印帳は表と裏両方使うべき？

答え

厚い紙を使った御朱印帳ならばOKです。

御朱印帳を使っていくなかで気になることのひとつに「裏写り」があります。御朱印を書き入れしてもらう際、多くの寺社では「はさみ紙」（P136参照）を挟んでくれるので、隣のページへの色写りは防ぐことができます。しかし、墨書きしたページの裏に色が写ってしまうのを防ぐことはできません。

先ほども説明した通り、御朱印帳には蛇腹式と紐綴じ式（和綴じ）という2つの種類があります。通常、御朱印帳の紙は2枚重ねになっていますが、薄さによっては墨が裏写りしてしまうことがあり、蛇腹式の場合には裏面が使用不可能になってしまいます。

蛇腹式の御朱印には、裏面を使うことで紐綴じのものよりもたくさんの御朱印を1冊に頂けるというメリットがありますが、裏写りをしてしまっては表面しか使用できなくなってしまいます。これを防ぐためには、紙が厚い御朱印帳を選びましょう。もしくは、2枚重ねになった紙の間に別紙を挟むという方法も有効です。

謎07

御朱印帳の1ページ目は重要？

答え

どこの御朱印を頂いても自由です。

「何事も最初が肝心」とはよく言われますが、御朱印帳に関してでも「最初の1ページに、どこの御朱印を頂くかが肝心」という考え方があります。御朱印帳を新調した場合、最初の1ページ目はどのように使うのがいいのでしょうか？

ここまでさまざまな事例を紹介してきたように、御朱印には大きく分けて「神社で頂くもの」と「寺院で頂くもの」の2種類があります。これらは1冊の御朱印帳に混在するかたちで授与していただいても問題ありません。しかし、寺社によっては別々の御朱印帳にもらうべきという考えがあるのも、先ほどお伝えした通りです。

さらに、神社の御朱印と寺社の御朱印を分けるべきと考える寺社のなかには、最初の1ページ目に特定の御朱印を頂くことを良しとするところもあります。具体的にいうと、神社で授与された御朱印帳の1ページ目には、すべての神社の最上位と位置づけられている伊勢神宮の御朱印を、寺院で授与された御朱印帳には菩提寺（先祖代々のお寺）の御朱印をもらうべきだという考えです。

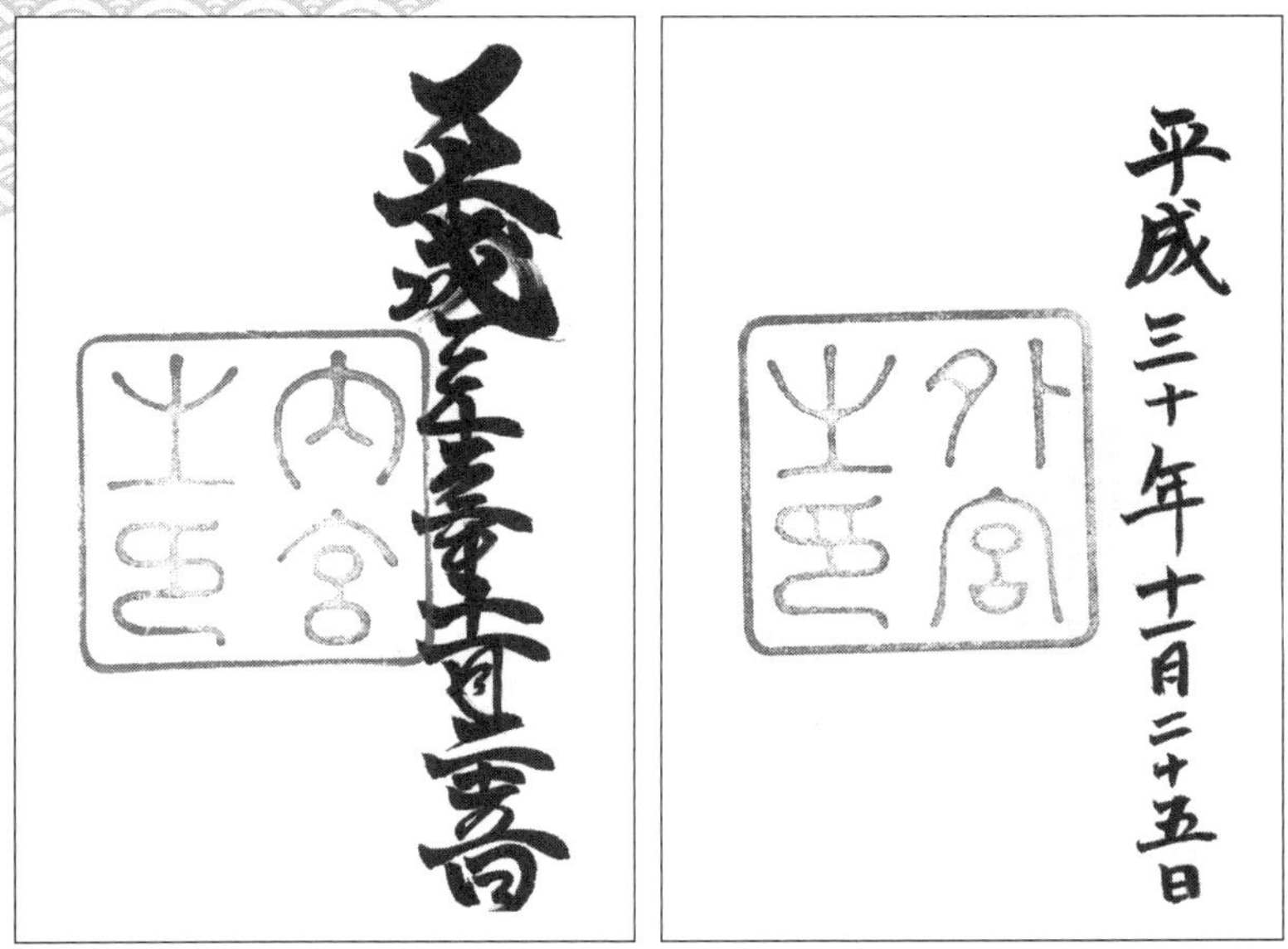

筆者が頂いた伊勢神宮の御朱印です。朱印と日付のみのシンプルなものですが、連綿と歴史を紡いできた高貴さが感じられます。

これはあくまでひとつの考え方であり、ルールではありません。また、「最初の1ページに伊勢神宮や菩提寺の御朱印を頂かないと、御朱印めぐりを始められない」というわけではなく、「伊勢神宮や菩提寺で御朱印を頂くために、最初の1ページを空けておく」という考えであることも付け加えておきます。

このことを踏まえると、1ページ目に伊勢神宮か菩提寺の御朱印を頂くというのは、そこまで無理難題ではないと思われます。菩提寺と違って、伊勢神宮に頻繁にお参りするのは簡単ではないかもしれませんが、「生きている間に1度くらいは」と考えれば実現不可能なことではありません。きっと実現できた暁には、大きな達成感が得られるでしょう。

謎08

御朱印帳の保管はどうすればいい？

Q

答え

本棚などで保管するのもOKです。

A

御朱印は寺社から授与される神聖なものであることから、それをたくさん集めた御朱印帳も同様のものとして扱う必要があります。持ち運ぶ際は、紙がグシャグシャになってしまわないよう丁寧に扱っている人が多い印象ですが、意外とどうしていいか迷うのが自宅での保管方法です。果たして、家では御朱印帳をどのように保管すべきなのでしょうか？

家の中で神聖な場所として思い浮かぶのは、神棚や仏壇です。神棚は神社から授与されたお札を祀る神聖な場所であると同時に、宝くじの当選などを祈願して安置しておくなど、生活と密着した場所でもあります。このことから、御朱印帳を保管しておくためにも相応しい場所だといえるでしょう。

仏壇はご先祖さまに対して祈りを捧げる場所です。こちらも神聖さと、身近さを兼ね備えた場所なので、御朱印帳を保管しておいても問題ありません。寺院にお参りするのと同じ気持ちで、毎日の感謝や祈りを捧げましょう。

家に神棚や仏壇がない場合は、なるべく自分の目線よりも高い場所に保管しましょう。これだけでも神さまや仏さまに対する敬意を示すことができます。反対に、床や足元の棚に保管してしまうと、御朱印帳を常に見下ろすかたちになってしまうので望ましくありません。

保管場所以上に大切なのが、御朱印帳の扱い方です。家に帰るなりテーブルの上に放り投げたり、汚れた手で触ったり、ほこりをかぶったような状態にしておくのはやめましょう。神聖なものとして丁寧な扱いを心がけましょう。

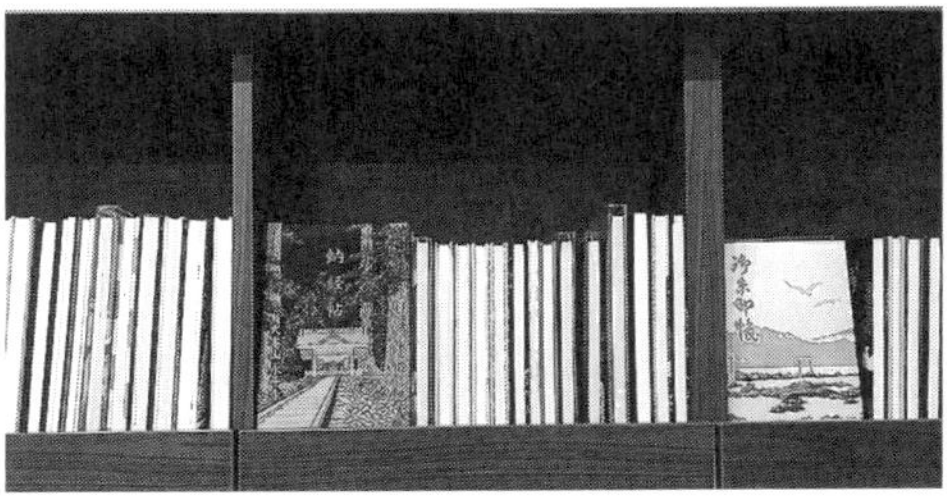

筆者の御朱印帳専門の本棚です。頻繁に開いては御朱印を眺めて、頂いた当時のことに思いを馳せたりします。

謎09

ビギナーが気を付けた方がいいことはある?

Q

答え

自分の御朱印帳かのチェックはしましょう!

A

誰でも気軽に始められるとはいえ、これから御朱印めぐりをしようと考えている人は、いくつか気をつけておいた方がいいこともあります。まず、先ほども少し触れましたが、御朱印帳には必ず名前を書いておきましょう。多くの寺社では、渡したその場で御朱印を書いていただくことになりますが、混み具合などによってはいったん御朱印帳を預け、一定時間後に受け取りにいくという場合もあります。その際、御朱印帳の取り違いが起きてしまう可能性はゼロではありません。たくさんの参拝者が訪れる寺社では、同じデザインの御朱印帳を使っている方もいたりするので、受け取ったあとはしっかりと名前を確認しましょう。取り違いによって今まで使ってきた御朱印帳と、そこに授与していただいた御朱印を失ってしまうのは、あまりに悲しいことです。少しの手間を面倒くさがらず、確認作業は必ずしましょう。

御朱印を頂く際に、書いて欲しいページを開いた状態で御朱印帳をお渡しするのも、大切な心がけのひとつです。「蛇腹式の御朱印帳は両面使う」や「1ページ目は伊勢神宮や菩提寺のために空

御朱印帳を入れる袋やバンドにはたくさんの種類がありますが、実際にお渡しするときには御朱印帳のみなので、間違えないためには本体に名前を書くのがベストです。

けておく」など、御朱印帳の使い方は人によって異なります。そのため、ページを開かずにお渡ししてしまうと、自分が意図していなかったページに御朱印を頂いてしまうこともあります。こうした行き違いを防ぐためにも、御朱印帳は書いていただきたいページを開いたうえでお渡しするようにしましょう。その際、寺社の方が書きやすいように、はさみ紙やカバーは外しておくのもマナーです。

御朱印を受け取るときに、寺社の方から「ご参拝、ご苦労様でした」や「お勤め、ご苦労様でした」とお声がけいただけることもあるので、しっかりと感謝の気持ちを伝えるのも忘れずに！　最後まで気持ちのいいやりとりができると、きっと心も体も晴れやかになるはずです。

謎10

御朱印帳を入れる袋って必要？

答え

汚れるのが気になる方にはオススメです。

御朱印帳を綺麗に保つためにあると便利なのが、専用の袋です。御朱印帳は、お参りのたびに持ち歩くものなので、裸の状態だとどうしても表紙に傷がついたり、紙が折れて曲がってしまったり、雨に濡れてしまうこともあります。こうしたトラブルを防ぐためには、袋に入れて保管・持ち運びをするというのが有効です。

御朱印帳には専用サイズの袋があり、寺社や文房具店、御朱印帳専門店などで購入することができます。御朱印と同じく、さまざまなデザインの袋があるので好みによって選びましょう。ただし、大きな御朱印帳を使っている場合には、入らないこともあるので一度試してみるのがオススメです。寺社では、オリジナル御朱印帳に合わせたデザインの袋が用意されていることもあるので、セットで頂くという手もあります。

御朱印帳の袋は必ずしも使わなければいけないものではありませんが、持っていると余計な心配事から解放されますし、持ち歩く楽しみも増えるでしょう。

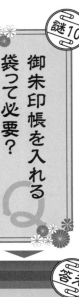

「御朱印帳のデザインが気に入っていて、袋に入れてしまうのがもったいない」という方には、透明なカバーがオススメです。これは御朱印帳に上からかけるように作られたビニール製の透明なカバーで、デザイン性を損なうことなく、汚れやダメージを防ぐことができます。一般的な御朱印帳の大きさに作られていますが、こちらも念のため自分の御朱印帳と合わせてサイズをチェックしておきましょう。

ただし、先ほども触れたように、御朱印を書いていただく際には、カバーの厚みやスナップボタンが邪魔になってしまうことがあります。そのため、お書き入れをしていただくときには、事前に外しておきましょう。この手間が面倒に感じる方はカバーではなく、すっと出し入れするだけですむ袋を使用するのがいいと思います。

高尾山薬王院で頒布している御朱印帳と専用の袋。いずれも春らしい桜のデザインで、統一感があります。季節によって使い分けるのもいいかもしれません。

謎11

御朱印帳関連のグッズを知りたい！

Q

答え

専門店のオススメグッズをご紹介します。

A

年齢や性別を超えて御朱印めぐりを楽しむ人が増えたことに伴い、最近では御朱印帳に関するさまざまなグッズも販売されています。

例えば、書き置きの御朱印をカットしたり、のり付けせず、写真アルバムのような要領で保管できる御朱印ホルダー。これは、書き置きの御朱印も綺麗に保管したいという気持ちを満たしてくれる人気アイテムです。

クリア素材で作られた御朱印帳ケースは、ページが埋まった御朱印を保管するのに最適なアイテム。水濡れや汚れを防ぎ、なおかつデザイン性を損なうことなく、これまで大切に使ってきた御朱印帳を並べておくことができます。

この他にも、書いていただきたいページをすぐさま開くことのできるしおりや、カバンの中で御朱印帳が開かないようにするゴム製のバンドなど、御朱印めぐりが楽しくなるアイテムがたくさん発売されているので、興味のある方は専門店に足を運んでみることをオススメします！

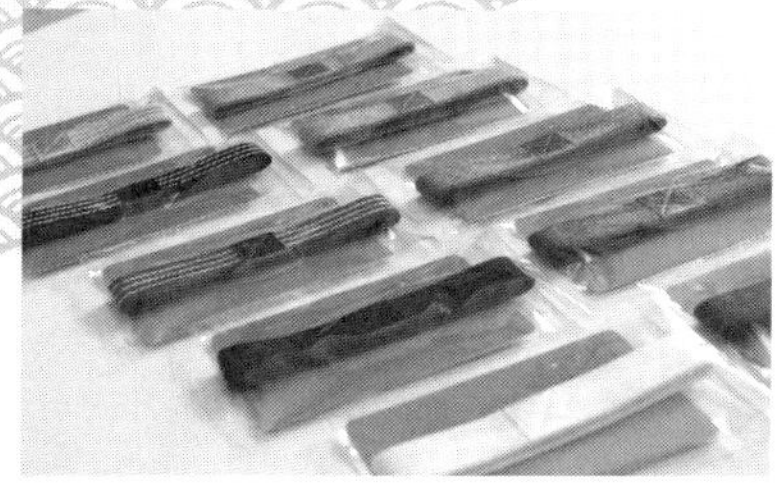

【御朱印帳バンド】バッグの中などで御朱印帳が開いてしまうのを防いでくれる色とりどりのバンド。

【御朱印ホルダー】書き置きの御朱印をカットしたり、のり付けしなくても保管できる人気の御朱印ホルダー。

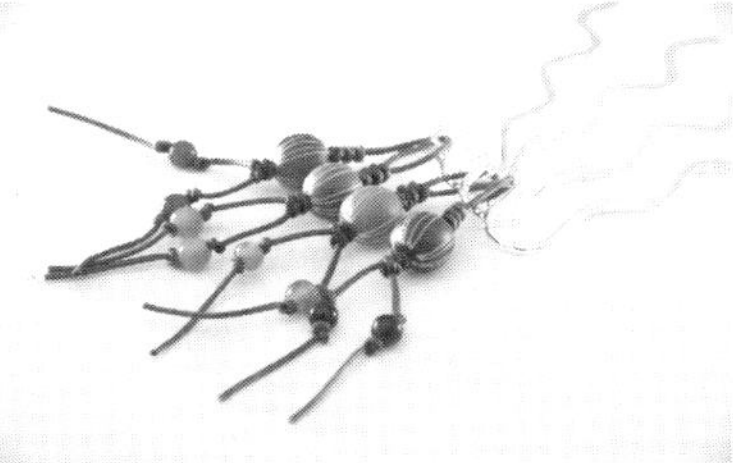

【御朱印帳しおり】書いていただくページの目印として役立つしおり。和風のデザインがマッチします。

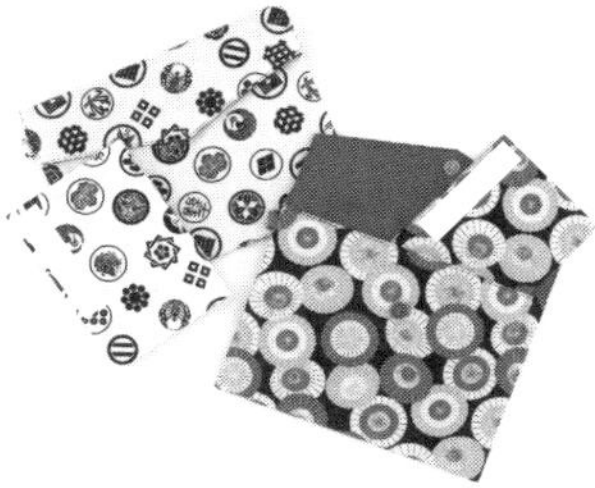

【御朱印帳袋】多種多様な御朱印帳の袋。2冊まで収納できるものや、裏地にポケットがあるものなども!

【御朱印帳ケース】御朱印帳の保管に最適なクリアケース。大切な御朱印帳を水濡れや汚れから守ってくれます。

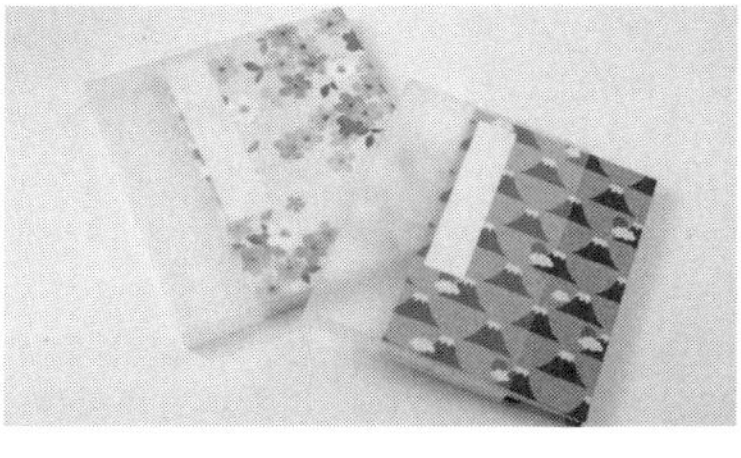

商品協力:御朱印帳専門店
「HollyHock」
https://www.goshuincho.com/

Column.05

菊池洋明の推し御朱印

これがすごい!

雲洞庵

〒949-6542
新潟県南魚沼市雲洞660
宗派：曹洞宗
御本尊：釈迦牟尼仏

赤門から本堂に至るまで続く石畳の下には、法華経を一石一字ずつ刻まれたものが敷き詰めてあり、踏みしめて参拝すると罪業消滅・万福多幸など多大な御利益に預かるとされ、「雲洞庵《うんとうあん》の土踏んだか」の言葉で有名な雲洞庵。御朱印にも「南無釋迦牟尼仏」の左側に「雲洞庵の土踏んだか」の文字が、達筆にして独特な筆致で書かれています。禅宗寺院らしい清冽な雰囲気が漂う雲洞庵の境内ですが、御朱印も凜とした気品を感じさせるものとなっています。

雲洞庵とは?

新潟県南魚沼市にある曹洞宗の寺院で、越後一の寺と謳われている雲洞庵。1300年の歴史を持ち、室町時代の永享年間に関東管領・上杉憲実により本堂が再興されました。戦国時代には、幼少の上杉景勝と直江兼続が学んだお寺としても有名です。赤門から本堂に至るまで続く石畳を踏みしめて参拝すると多大な御利益に預かるとされ、「雲洞庵の土踏んだか」の言葉でも有名です。

第6章

愛好家が推薦！

めぐる

御朱印霊場めぐりのこと

もっと楽しむコツはありますか？

気になる寺院や神社を片っ端から参拝するのもいいですが、せっかく御朱印めぐりを始めるのであれば、自分なりの〝テーマ〟を決めてからスタートするのもオススメです。四国八十八ヶ所だけでなく、寺院や神社にはさまざまな参拝コースがあったりします。その一例をご紹介していきます。

めぐる
01

自分だけの!

御朱印めぐりを見つけよう!

せっかく御朱印めぐりをするならば、自分なりのテーマ設定を決めてみることをオススメします!

「御朱印めぐりを始めてみたいけれど、どこへ行ったらいいのかわからない」という方や、「始めてみたはいいけれど、何となく漠然と御朱印めぐりをしてしまっている」という方は、自分なりのテーマを設定してみるといいかもしれません。

例えば、曹洞宗や臨済宗、天台宗など、自分の家の宗派にあたる寺院だけをめぐってみたり、八幡宮や太宰府、東照宮など特定の信仰の神社だけをめぐってみたり、あるいは宗派の枠組みを超えて各宗派の総本山だけをめぐるなど、自分なりのテーマ設定を決めておくと、漠然とした感覚は払拭されるでしょう。どこへ行ったらいいかわからない場合も、次に参拝してみたい寺社が絞られてきます。こうしたテーマや目的意識をもっていれば、御朱印めぐりはもっと楽しくなるはずです。

宗派や信仰以外にも、「戦国武将が眠っている寺院」というテーマや、「新撰組にゆかりのある寺社」などの歴史散策という意味でも面白そうです。もともと好きだった人が楽しめるというのはもちろんですが、御朱印めぐりをきっかけに歴史に興味をもつというケースもたくさんあるでしょう。知識だけでなく体験を伴うことで、歴史の認識がより色鮮やかになっていくはずです。

他には、御利益や御神徳をテーマに御朱印めぐりをしている方もいます。病気平癒や金運上昇、厄払いなど、日本各地にはさまざまな御利益や御神徳で知られている寺社があります。そのうちのひとつをテーマにして参拝し、寺社との縁として御朱印を授けていただくというのも、御朱印めぐりを意味深いものにしてくれるでしょう。

このようなテーマに沿った御朱印めぐりのルーツは、「霊場めぐり」にあるといわれています。

霊場めぐりとは、神社や寺院などの宗教施設や、古来より神聖視されている場所をめぐる信仰行為のこと。四国八十八ヶ所や、日本百観音（西国三十三ヶ所、坂東三十三ヶ所、秩父三十四ヶ所を

【刀剣御朱印めぐり】刀にゆかりのある京都の4つの神社（建勲神社、粟田神社、豊国神社、藤森神社）を巡拝することで頂ける「刀剣御朱印」。半日～1日ほどで回れます。写真は建勲神社より提供（P96参照）

合わせた総称）などが有名です。

複数の寺社を参拝する霊場めぐりでは、お参りするごとに自分と向き合うことになり、それを積み重ねていくことで自分の心をはっきり捉えることができるようになります。そして、すべてをめぐり終えたときには、その足跡が御朱印帳の中にも刻まれていることになります。霊場めぐりにおける御朱印は、やはり単なるスタンプラリーではなく、自分の想いや体験、そして、寺社との縁をかたちに残す大切な思い出になるはずです。

四国八十八ヶ所や日本百観音のように規模が大きな霊場めぐりは、気軽に行けるものではありませんが、日本には各地に地域の七福神（Ｐ１９２参照）が祀られています。そうした身近な霊場めぐりから始めてみるのも、御朱印めぐりの入口には適しているかもしれません。

御朱印めぐりにテーマができると、旅行へ行くときにも楽しみが増えます。筆者は食事や温泉、観光名所だけでなく、御朱印という観点から旅先を選んだりすることもありますし、反対に旅先でたまたま出会った寺社で御朱印を頂くこともあります。今はインターネットでさまざまな情報収集ができますが、地方にはまだまだ知られていない寺社や御朱印もあります。予期せぬ出会いもまた、御朱印めぐりの醍醐味だといえるでしょう。

テーマの設定は、人それぞれで自由です。ぜひ、自分なりのテーマを見つけて、御朱印めぐりをより充実したものにしてください。

著者・菊池洋明がやってみたい 御朱印めぐり

戦国時代ゆかりの寺社御朱印めぐり

織田信長の墓がある阿弥陀寺（京都）、信長を祀る建勲神社（京都、山形）、信長が創建した安土城跡にある總見寺《そうけんじ》（滋賀）、信長の父・信秀の葬儀の際に信長が焼香を投げつけたうつけ伝説が誕生した萬松寺（愛知）など、天下人・織田信長ゆかりの寺社めぐり。武田信玄や上杉謙信など、ほかの戦国時代の群雄たちのゆかりの寺社めぐりもしてみたいテーマのひとつです。

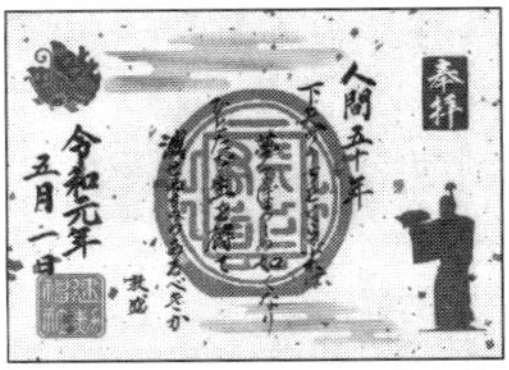
【建勲神社の見開き御朱印】

【松陰神社（東京）の御朱印】

【松陰神社（萩）の御朱印】

幕末時代ゆかりの寺社御朱印めぐり

激動の幕末時代に活躍した人物ゆかりの寺社や、その人物を祀っている寺社めぐりをテーマとするのもおもしろいと思います。志士たちの精神的支柱であった吉田松陰を祀る松陰神社（東京・世田谷、山口・萩）、坂本龍馬や中岡慎太郎らの志士たちが多数眠る京都霊山護国神社、島津斉彬を祀る照国神社（鹿児島）、明治にも活躍した山縣有朋や大隈重信など複数の元勲たちが眠る護国寺（東京・文京区）など。

自分が住んでいる地域の全寺社御朱印めぐり

自分が住んでいる地域（区域、または都道府県）のすべての寺社をめぐるというテーマも……。日本全国どの地域でもさまざまな歴史があります。知らなかった歴史、意外な物語の発見など新たな出会いが待っているかもしれません。ネットには載っていないような地元の寺社の御朱印がどんなものか、期待しながら頂くのも御朱印集めの醍醐味のひとつです。

【轡《くつわ》神社の御朱印】

【ときわ台天祖神社の御朱印】

【長命寺の御朱印】

【元宿神社の御朱印】

都内すべての七福神御朱印めぐり

各地域にある七福神めぐり。都内だけでも浅草、柴又、谷中、下谷、日本橋、墨田川、深川、江戸川、雑司ヶ谷、青山、銀座、調布、板橋、千住、八王子、多摩など多くの七福神があります。正月期間のみ七福神が開扉され御朱印を頂けない地域、通年で授与されている場合などさまざまですが、数ヶ年計画で自分が住んでいる都道府県の七福神をすべてめぐってみるのもいいかもしれません。

めぐる 02

憧れの御朱印

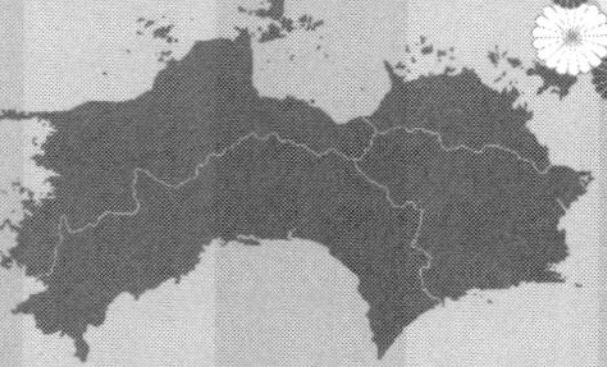

八十八ヶ所霊場めぐり

霊場めぐりの定番であり、御朱印めぐりの憧れともされている四国霊場八十八ヶ所。日本遺産にも選ばれています。

「四国霊場八十八ヶ所」は、四国にある空海（弘法大師）ゆかりの寺院八十八ヶ所の総称で、これらを巡拝することを「四国遍路」、巡礼者のことを「お遍路さん」と呼びます。

都から遠く離れた四国は、古くから「辺地」と呼ばれており、修験者たちの修行の場になっていました。讃岐国に生まれた空海も、そのひとりであったとされています。空海の入定《にゅうじょう》（死）後、修行僧らが彼の足跡を辿って遍歴の旅を始めました。これが、四国遍路の起源だといわれています。

参拝の手順は宗派によって多少の違いはあるものの、基本的には山門で一礼して、手水舎でお清めをしたあと、鐘楼堂で鐘をひと突きします。そして、本堂において燈明・線香・賽銭奉納をして、納札を納め、般若心経や本尊真言・大師宝号などを読経して祈願。大師堂に向かっても同じように参拝し、境内にある納経所で、持参した納経帳や掛軸、白衣などに、札番印、宝印、寺社印と、墨書きをいただき、最後に各寺の本尊が描かれた御影《みかげ》（肖像）を頂くという流れで行ないます。

四国霊場八十八ヶ所の御朱印帳と御朱印の例

14番札所の常楽寺（徳島県徳島市）は高野山真言宗の寺院で、弥勒菩薩が祀られています。

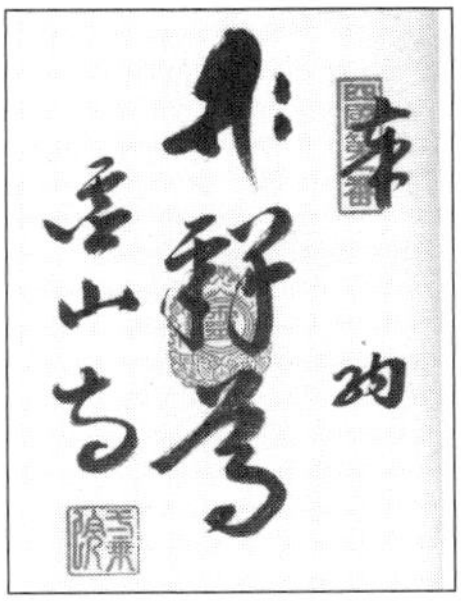

四国霊場八十八ヶ所の1番札所にあたる霊山寺（徳島県鳴門市）の御朱印。

四国遍路で参拝する各寺で納経するための冊子。繰り返しめぐると、重ね印をしていただけます。

春になると馬酔木や桜が咲く54番札所の延命寺（愛媛県今治市）は、花の寺としても有名。

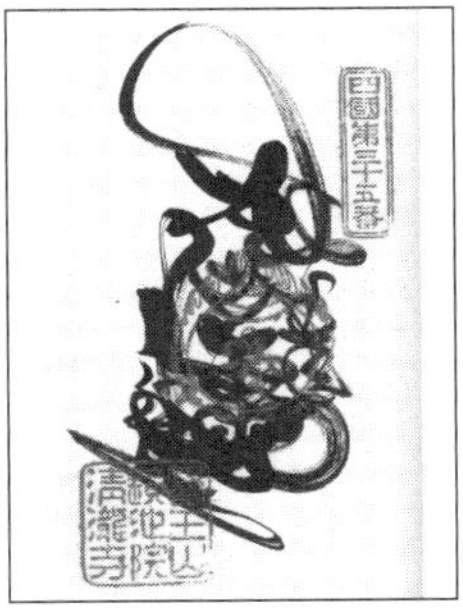

美しく豪快な筆運びが印象的な清瀧寺（高知県土佐市）は、35番札所の寺院。

薬師如来が御本尊として祀られている、26番札所の金剛頂寺（高知県室戸市）。

めぐる
03

合わせて百観音！

三十三ヶ所霊場めぐり

日本百観音を巡礼すると、現世で犯したあらゆる罪業が消滅し、極楽往生できるといわれています。

「四国霊場八十八ヶ所」と並んで広く知られている霊場めぐりといえば「日本百観音」です。これは西国三十三ヶ所、坂東三十三ヶ所、秩父三十四ヶ所という霊場めぐりの総称で、文字通り１００の観音さまを巡拝するコースになっています。

西国三十三ヶ所の寺院は京都、大阪、奈良、滋賀、兵庫、和歌山、岐阜に点在。坂東三十三ヶ所は、神奈川、埼玉、東京、群馬、栃木、茨城、千葉にある寺院で形成されており、秩父三十四ヶ所は埼玉県秩父地方に固まっています。このように、日本百観音は広範囲に点在しているため、長い期間をかけて何度かに分けて参拝するのが一般的です。

回る順番は特に決められていませんが、秩父三十四ヶ所の34番札所・水潜寺が結願寺（Ｐ２２２参照）であり、結願した参拝者は最後に長野県の善光寺と北向観音にお参りするのが慣例となっています。

ちなみに三十三という数字は、観世音菩薩が衆生《しゅじょう》を救うときに33の姿に変化するという信仰に由来しており、その功徳を得るために33の霊場を巡拝すると考えられています。

各霊場の御朱印帳と御朱印の例

日本百観音では、それぞれに御朱印を頂くための納経帳が用意されています。

【秩父三十四ヶ所】秩父三十四ヶ所の納経帳。桜の花をモチーフにしたデザインが可愛らしい。

【坂東三十三ヶ所】坂東三十三ヶ所は、源実朝が西国三十三所を模範として制定したと伝えられています。

【西国三十三ヶ所】日本で最も歴史の長い巡礼行である西国三十三ヶ所の納経帳です。

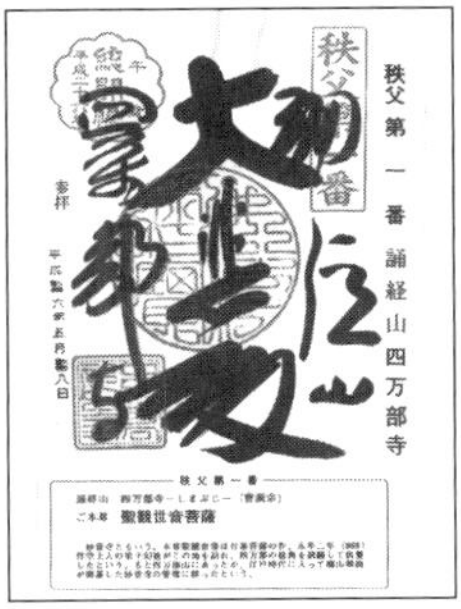

【秩父三十四ヶ所】秩父三十四ヶ所の1番札所・四萬部寺には、聖観世音菩薩が御本尊として祀られています。

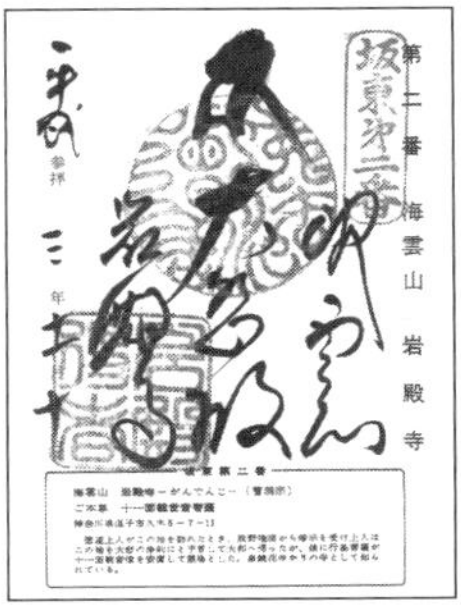

【坂東三十三ヶ所】坂東三十三ヶ所専用の納経帳には、それぞれのページに寺院の説明書きが印刷されています。

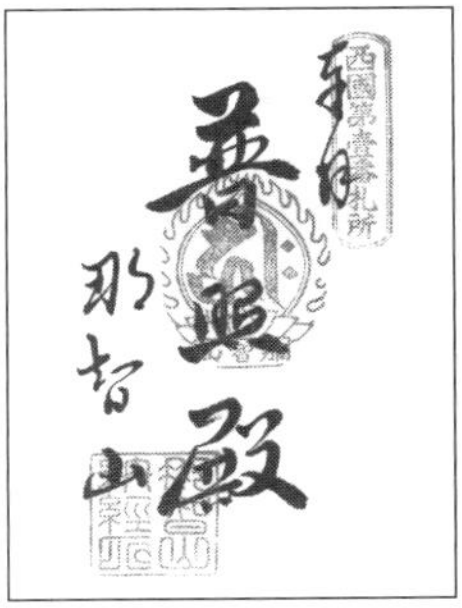

【西国三十三ヶ所】西国三十三ヶ所の1番札所にあたる青岸《せいがん》渡《と》寺《じ》の力強い墨書きの御朱印。

めぐる
04

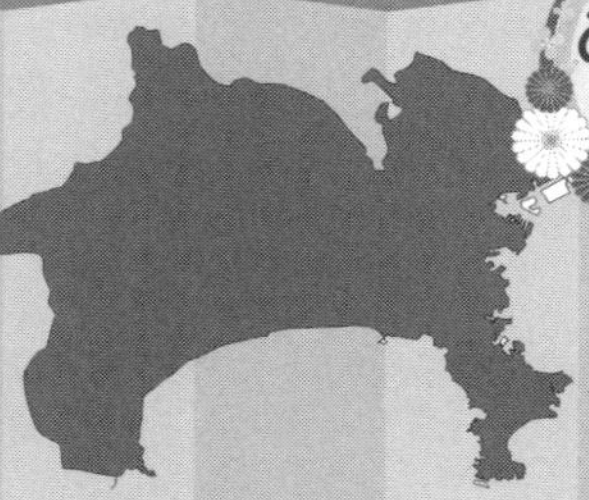

代表的なものは
鎌倉!

十三仏霊場めぐり

十三仏詣りは、亡き人を追善供養し、より良い死後の世界へと導いてくれるといわれている霊場めぐりです。

十三仏詣りは、中国で成立した十王思想を発展させた日本独自の先祖供養と故人への追善供養です。十王思想とは、亡き人は初七日から三回忌に至る十回の忌日に、十王（亡者の審判を行う閻魔大王をはじめとする十尊）の前において、生前に行った善悪の業をあますことなく審判され、死後の行き先が地獄道・餓鬼道・畜生道・修羅道・人間道・天上道のいずれかに決まるという考え方のことをいいます。

日本では、これが平安時代に伝わり、仏教思想と混じり合うことで十王が十仏に変化。室町時代になると、七回忌（蓮上王＝阿弥陀如来）、十三回忌（抜苦王＝大日如来）、三十三回忌（慈恩王＝虚空蔵菩薩）が加わって、十三仏が完成したと考えられています。

十三仏霊場は日本各地にありますが、特に有名なのが鎌倉十三仏詣り。十三の寺院を巡拝することで、亡き人を追善供養し、よりよい死後の世界へと導くことができると考えられています。

鎌倉十三仏霊場めぐりの御朱印帳と御朱印

三十七日を司る文殊菩薩(本覚寺)と、四十七日を司る普賢菩薩(寿福寺)の御朱印。

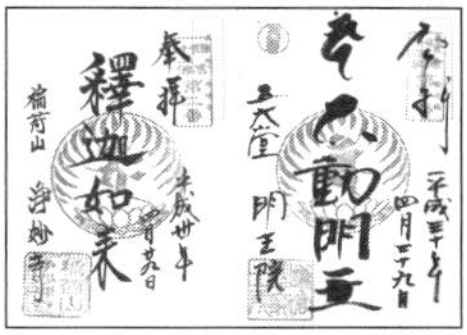

初七日を司る不動明王(明王院)と、二十七日を司る釈迦如来(浄妙寺)の御朱印。

鎌倉十三仏詣りのための専用御朱印帳。黒地に金文字の表紙が格式の高さを伺わせます。明王院と浄智寺で購入できます。

一周忌を司る勢至菩薩(浄光明寺)と、三回忌を司る阿弥陀如来(来迎寺)の御朱印。

七十七日を司る薬師如来(海蔵寺)と、百ヶ日を司る観世音菩薩(報国寺)の御朱印。

五十七日を司る地蔵菩薩(円応寺)と、六十七日を司る弥勒菩薩(浄智寺)の御朱印。

各寺院で参拝の証に頂ける念珠玉をつなげると、鎌倉十三仏詣りの数珠ができあがります。

三十三回忌を司る虚空蔵菩薩(成就院)の御朱印。すべてを参拝すると「結願」の印が頂ける。

七回忌を司る阿閦如来《あしゅくにょらい》(覚園寺)と、十三回忌を司る大日如来(極楽寺)の御朱印。

めぐる
05

全国にたくさんある!

七福神めぐり

街の大小にかかわらず、全国各地に点在している七福神めぐり! ビギナーにも始めやすいテーマの御朱印めぐりです。

テーマを決めた御朱印めぐりをするうえで、比較的簡単に始められるのが「七福神めぐり」です。全国には実に多くの七福神めぐりがあります。基本的には7寺社をめぐることで完結できるので、ビギナーの方でも気軽に楽しめるでしょう。

七福神とは、恵比寿、大黒天、福禄寿、毘沙門天、布袋、寿老人、弁財天の7人の神仏で、福を招く縁起のいい神さまとして古くから信仰の対象になってきました。実は、この七福神、それぞれがヒンズー教、仏教、道教、神道などの背景をもっているというおもしろい神さまなのです。

恵比寿は商売繁盛や五穀豊穣をもたらす唯一の日本在来の神。大黒天はヒンドゥー教のマハーカーラ神を基とする食物・財福の神。福禄寿は道教の道士・天南星が起源とされる長寿の神。毘沙門天はヒンドゥー教のクベーラ神がモデルの戦いの神。布袋は唐の禅僧を基にした財の神。寿老人は道教の神で南極星の化身。弁財天はヒンドゥー教における音楽や弁才の女神、サラスヴァティー神がモデルだとされています。

七福神めぐりの 御朱印帳と御朱印の例

板橋七福神（東京都板橋区内の七福神）

布袋尊が祀られている西光寺と、弁財天が祀られている安養院の御朱印。

恵比寿神が祀られている観明寺と、毘沙門天が祀られている文殊院の御朱印。

板橋七福神の朱印を集めた色紙。徒歩だと7つの寺院を半日ほどで回ることができます。

福禄寿が祀られている長命寺は、真言宗豊山派の寺院。江戸時代の創建と伝えられています。

寿老人が祀られている能満寺と、大黒天が祀られている西光院の御朱印。

めぐる
06

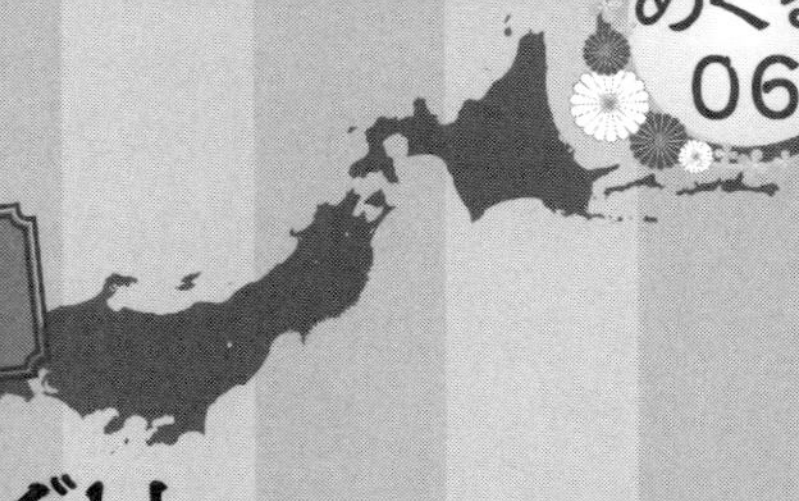

まだまだあるぞ!

寺院霊場めぐり

ここまでに紹介してきた以外にも霊場はたくさんあります。自分の願いや興味に従って霊場めぐりをしてみましょう。

複数の寺社が集まることで形成されている霊場。ここまでに紹介してきた四国霊場八十八ヶ所や、日本百観音のように規模が大きなもの以外にも、日本各地にはさまざまな霊場が存在しています。

その代表的なものが、祀られている仏さまが共通している寺院をまとめた霊場です。寺院ではさまざまな仏さまが祀られていますが、御本尊が共通しているところをまとめることで、薬師如来霊場や地蔵菩薩霊場、不動明王霊場などといった霊場が形成されています。

薬師如来なら病気平癒や身体健全、地蔵菩薩なら子授けや滅罪、不動明王なら厄除けや開運吉祥など、仏さまによって得られる御利益は変わると考えられているので、自分の願いや興味によって霊場めぐりをしてみると有意義な参拝になるはずです。

この他にも、美しい花が咲くことで有名な寺をまとめた「花の寺霊場」なども存在します。

そのほか 主な霊場めぐり

地蔵菩薩霊場

地蔵菩薩は、六道(天上道、人間道、修羅道、畜生道、餓鬼道、地獄道)と呼ばれる、死後に輪廻転生する6つの世界から衆生を救い出す仏さまとされています。このことから、東京六地蔵霊場など6つの寺社で祀られている地域が多く見られます。また、毎月24日は地蔵菩薩の縁日にあたり、より大きな御利益を頂けるとされています。

薬師如来霊場

薬師如来は、衆生の疾病を治癒して寿命を延ばし、災禍を消去し、衣食などを満足させることを誓って仏に成ったとされています。全国各地で広く信仰されている現世利益の仏さまで、なかでも関東九十一薬師霊場や、京都七仏薬師霊場などが有名です。薬師如来霊場の巡拝は、自身や家族の病気平癒を願う人々に御利益を与えてくれるでしょう。

阿弥陀如来霊場

東京の江戸西方六阿弥陀仏霊場や、京都の洛陽六阿弥陀霊場など、阿弥陀如来霊場は関東、中部、近畿地方を中心に点在しています。阿弥陀如来の梵名であるアミターユスは、「はかりしれない寿命を持つ者」という意味で、その名の通り限りない命と智慧をもって人々を救い続ける仏さまとして信仰されています。

不動明王霊場

東北三十六不動霊場や東海三十六不動霊場、九州三十六不動霊場など、日本各地に存在する不動明王霊場。不動明王は、煩悩を抱える衆生を力づくでも救うために忿怒の表情をした仏さまで、古くから根強い人気を誇っています。参拝者は、困難な状況を切り開き、新たな境地に辿り着けるような御利益を頂けるでしょう。

干支 守り本尊霊場

「干支 守り本尊霊場」は、人は生まれたときから仏さまに守られているという考え方に基づいて発展した霊場です。例えば、子年なら千手観音菩薩、卯年なら文殊菩薩、酉年なら不動明王といったように、生まれた年の干支によって守り本尊が決まっており、その仏さまをお参りすることで御加護が得られると考えられています。

花の寺霊場

宗派や仏さまというくくりだけでなく、境内の花で有名な寺社をめぐる「花の寺霊場」というものもあります。なかでも高い人気を誇っているのが、京都、兵庫、大阪、滋賀、奈良、和歌山をまたぐ「関西 花の寺二十五ヶ所霊場」。アジサイが有名な1番札所・丹州観音寺から、梅や山茶花で知られる25番札所・観心寺までさまざまな花が楽しめます。

めぐる 07

御朱印の原点

全国一之宮めぐり

地域で最も格式の高い神社とされる一之宮。そんな一之宮を中心とした御朱印めぐりはいかがでしょう?

現在、日本の地域は都道府県という単位で区切られていますが、かつては「国」という単位で分かれていました。摂津国や尾張国、越前国など、歴史の授業で習った記憶がある人も多いのではないでしょうか。

当時、各国では地域で最も格式の高い神社のことを「一之宮」と呼んでいました。一之宮は、その地域の総鎮守としての性格を持ち合わせていることが多く、中央政府から派遣された国司が最初に参拝すべき神社にも位置付けられていました。

国という区分けがなくなった現代でも、一之宮の立場は変わらず、地域内で最も格式の高い神社として崇拝されています。全国すべての一之宮を参拝するというのは簡単なことではありませんが、御朱印めぐりのテーマとしては非常に意味深いものとなるのではないでしょうか。

北海道や沖縄には、もともと一之宮はありませんでしたが、現在は新一之宮というかたちで制定されています。

全国一之宮の
御朱印帳と御朱印の例

相模国の一之宮・寒川神社の御朱印。四方八方からの災いを除く八方除けの神様として信仰されています。

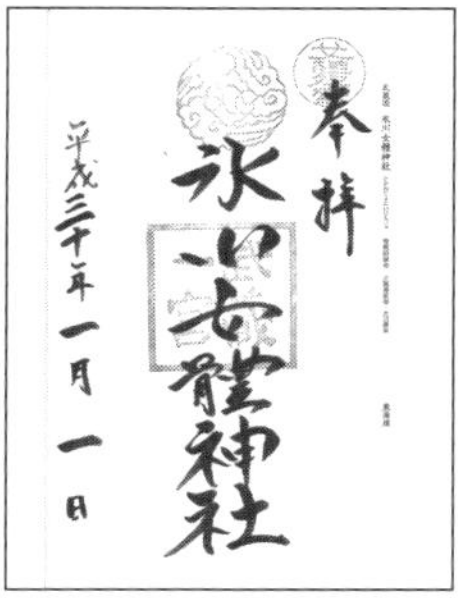

武蔵国では氷川神社と氷川女体神社、中山神社の三社が一体で一之宮だとされています。

一之宮めぐりのための御朱印帳。すべてのページが埋まれば大きな達成感が得られるでしょう。

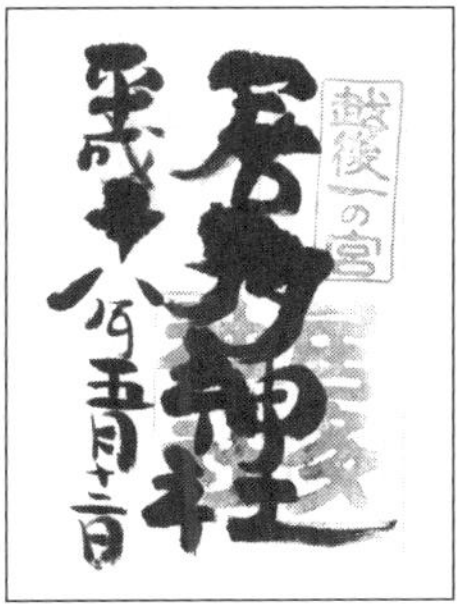

越後国の一之宮・居多神社。流罪となった親鸞が最初に参拝したと伝わります。

大和国の一之宮・大神神《おおみわじん》社《じゃ》。三輪山を神体山としているため、本殿はありません。

陸奥国の一之宮、鹽竈神《しおがまじん》社《じゃ》と志波彦神社の見開き御朱印。ひとつの御朱印に2社の朱印が押されています。

めぐる 08

大元の神社はココ！

総本社・総本宮めぐり

全国各地に点在する八幡宮や永川神社には大元となる神社があり、総本社や総本宮と呼ばれています。

日本各地には、同じ主祭神を祀っている神社が数多くあります。なかには○○八幡宮や○○稲荷神社など、共通の社名で各地に点在している神社もあり、その大元は総本社や総本宮と呼ばれています。

例えば素戔嗚尊《すさのおのみこと》を主祭神とする津島神社は、東海地方を中心に全国に約３０００社があります。その総本社は、愛知県津島市に鎮座する津島神社で、その昔、素戔嗚尊の和魂《にきみたま》（神の優しく平和的な側面）が鎮まった土地だと伝えられています。

日本で最も多い神社とされているのが八幡宮です。これは八幡神を主祭神とする神社で、北は北海道から南は沖縄まで、全国に約４４０００社があるとされています。八幡宮の総本山に当たるのが、大分県宇佐市に鎮座する宇佐神宮。同社は豊前国の一之宮でもあります。

このように同一の主祭神を祀っている神社を巡拝したり、総本社だけを参拝するというのも、御朱印めぐりのテーマとしては面白く、やりがいも感じられるでしょう。

総本社・総本宮の御朱印の例

広島県廿日市市にある嚴島神社の御朱印。全国に約500社ある厳島神社の総本社です。

愛知県津島市にある津島神社は、東海地方を中心に約3000社ある津島神社・天王社の総本社です。

埼玉県さいたま市大宮にある大宮氷川神社の御朱印。東京と埼玉近辺に約280社ある氷川神社の総本社です。

東北や関東を中心に全国に約600社ある鹿島神社の総本社。キレのある墨書きが美しい。

めぐる
09

まだまだあるぞ!

神社御朱印めぐり

テーマを決めれば自分なりの御朱印めぐりが見えてくる!?
様々な共通点から見出す、自分だけの神社詣!

ここまで一之宮や総本社めぐりなどのテーマ設定を紹介してきましたが、神社のみで構成されためぐり方はまだまだあります。

神社というのは、神託や御神徳に対する感謝の意として建立されたものが大半ですが、それを複数合わせためぐり方というのは何かしらの共通点をつなげて考えられた後発的な概念です。もちろん長い歴史をもつものもありますが、「真田相伝　六神社」めぐりのようにＮＨＫの大河ドラマを機に生まれたという新しいところもあります。

ここでは、全国護国神社や東京十社、京都五社など、比較的名の知れた神社のめぐり方を紹介しています。しかし、既存のものだけでなく、何かしらの共通点さえ見いだせれば自分だけのテーマをもった御朱印めぐりを構築することも可能です。すでにあるくくりだけに囚われることなく、自由な発想で自分なりのテーマを考え出すことも御朱印めぐりの大きな楽しみとなるはずです。

そのほか主な
御朱印めぐり

素戔嗚尊五十九社めぐり

素戔嗚尊五十九社めぐりは、北は青森県、南は愛媛県まで、素戔嗚尊を主祭神とする59の神社をめぐります。高天原追放や八岐大蛇退治など、さまざまな困難辛苦の果てに清浄の境地に到達した素戔嗚尊の御神徳をいただくための巡拝コースです。厄除けや五穀豊穣、病気平癒、縁結びなどの御神徳があるといわれています。

全国護国神社めぐり

護国神社とは、国家のために殉難した人たちの英霊を祀った神社です。戦前は招魂社と呼ばれており、内務省によって管轄されていましたが、戦後は独立の宗教法人となりました。東京都と神奈川県を除く都府県に建立されており、戦死者や自衛官、警察官、消防士などの公務殉職者が主祭神として祀られています。

琉球八社めぐり

琉球八社めぐりは、琉球王府より特別な扱いを受けていた8つの神社を巡拝するコースです。那覇市にある波上宮、沖宮、識名宮、末吉宮、安里八幡宮、天久宮と、宜野湾市にある普天満宮、それに国頭郡金武町にある金武宮を合わせた8社から成っています。無人の神社もあるため、御朱印の授与については事前確認が必要です。

東京十社めぐり

1867(慶応3)年に、明治天皇が王政復古の大号令を宣言したことにより新政府が誕生。江戸は東京と改められました。そんな最中、明治天皇が東京の鎮護と万民の安寧を祈るために定めたのが東京十社(赤坂氷川神社、王子神社、亀戸天神社、神田神社、品川神社、芝大神宮、富岡八幡宮、根津神社、白山神社、日枝神社)です。

真田相伝 六神社めぐり

真田相伝 六神社めぐりは、NHKの大河ドラマ『真田丸』の放送を機に設定された比較的新しい巡拝ルートです。長野県上田市にある真田氏所縁の6社(山家神社、眞田神社、皇大神社、北赤井神社、諏訪神社、安智羅神社)をめぐる参拝で、専用の色紙に御朱印を頂くことができます。距離が近いので1日で回ることも可能です。

京都五社めぐり

京都の四方と中央を守護する、5つの神社をめぐる巡拝ルート。京都市左京区にある平安神宮を中心に、東の方角に位置する八坂神社、西の松尾大社、南の城南宮、北の賀茂別雷神社をお参りします。御朱印を受けるために五社めぐり専用の四神色紙が用意されており、すべて集めるとオリジナル記念品を頂くことができます。

めぐる 10

山頂で頂く!

登頂御朱印めぐり

登山は写経に通じるものがある!? 苦労の果てに頂く御朱印は、間違いなく特別な一体になるでしょう!

古来より山岳信仰が盛んだった日本では、山の頂上に鎮座している神社も珍しくありません。そこには山登りをしなければ出会えない御朱印が待っています。

道路整備や乗り物の発達によって、現代では登山も気軽なものになりました。しかし、古くから信仰の対象となってきた山では、いまだに自力で歩く以外に登る方法のないケースもあります。どんなに頑張っても1歩ずつしか進むことができませんが、それでも着実に頂上に近づいていく登山は、一文字一文字と集中して向き合っているうちにいつの間にか書き終えている写経に通じるところがあります。そうして登り着いた先で頂く御朱印は、紛れもなく特別な1体となり、心も体もきっと晴れやかにさせてくれるはずです。

日本一の山・富士山は5合目までは車で上がることができますが、そこから先は自力で登るほかありません。決して楽な挑戦ではありませんが、頂上に辿り着いたときには言葉にならないほどの喜びと達成感があります。

登頂御朱印の
御朱印帳と御朱印の例

富士山

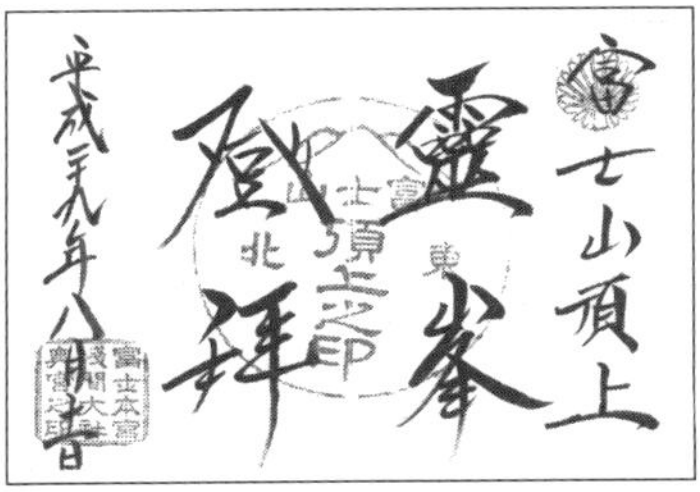

富士山の山頂にある浅間大社奥宮の御朱印。朱肉には富士山の溶岩が混ぜ込まれています。

富士山山頂でしか頂くことができない『富士山頂上浅間大社奥宮』の御朱印帳。

御朱印受付所では、職員の方が参拝者を労うように丁寧に御朱印を書いてくださいます。

富士山頂にある授与所の様子。大きなリュックを背負った参拝者が次々と訪れてきます。

そのほか登頂しなければ御朱印を頂けない神社

月山神社
湯殿山神社（奥宮）
戸隠神社（奥社）
駒形神社（奥宮）
蔵王刈田嶺神社（奥宮）
筑波山神社（男体山本殿、女体山本殿）
太平山三吉神社（奥宮）
山家神社（奥宮）
宝登山神社（奥宮）
武蔵御嶽山神社
石鎚神社（奥宮）
白山神社（奥宮）
木曽御嶽神社（奥社）など

山頂で頂ける御朱印は複数種類あり、平成30年には天皇陛下御即位30年の記念朱印もありました。

めぐる11

区切り打ち? 逆打ち?

お遍路用語〝打つ〟とは?

お遍路は反対回りの方が御利益がある!? 始める前に四国遍路の基礎知識を知っておきましょう!

四国遍路では、寺院（札所）に参詣することを「打つ」と表現します。1番の札所から順番に打たなければいけないわけではなく、スタート地点とゴール地点は、参拝者の都合に合わせて自由に決められます。

数字が少ないほうから順番通りに回るのは「順打ち」、反対回りは「逆打ち」と呼ばれています。逆打ちは道に迷いやすいなどの苦労も多いため、順打ちに比べて御利益が3倍になるとも言われています。また、逆打ちについては、次のような言い伝えも残っています。

天長年間に伊予国の長者・河野《こうの》衛門三郎《えもんざぶろう》は自分の悪行の許しを請うため、弘法大師のあとを追ってお遍路を始めました。しかし、20回めぐっても大師に会うことができず、21回目にして逆打ちを思いつきます。そして、12番札所の焼山寺《しょうさんじ》で薄れゆく意識のなか、ついに弘法大師が現れ、すべてを許されたそうです。彼が逆打ちを始めたのが閏年だったことから、閏年に逆打ちをすると弘法大師に会えるといわれています。

四国遍路の1番札所・霊山寺から、88番札所・大窪寺《くぼじ》までは約1200kmほどの距離があります。これを一気に回ることを「通し打ち」、何回かに分けて回るのは「区切り打ち」と呼ばれています。お遍路といえば通し打ちのイメージが強いと思われますが、実際には区切り打ちで回る人も少なくありません。

通し打ちのつもりで出発し、途中で何らかのトラブルで中止せざるをえなくなった場合には、区切り打ちの途中と見なされることになるので、決して無理をせず出直すことを考えましょう。八十八ヶ所を巡拝して、結願(P222参照)するためには強い意志が必要ですが、それよりも大切なのは決して無理をしないことです。「いざとなったら、区切り打ちに変更しよう」というくらい気持ちの余裕を持って臨んだほうがうまくいくのかもしれません。

河野衛門三郎が逆打ちのなかで弘法大師と出会ったという12番札所の焼山寺。4年に1度閏年のときには、逆打ちのお遍路さんが多くなります。

めぐる 12

どのくらいかかる?

お遍路めぐりの費用と時間

徒歩? 車? それともバスツアー? 移動手段によって大きく変わるお遍路に必要な日数と費用を徹底比較!

実際に四国遍路をする場合に、最も気になるのは必要な日数と費用ではないでしょうか。現代のお遍路さんに多い、「バス遍路」「車遍路」「歩き遍路」という3つのタイプについて、比較してみましょう。

まず、四国遍路をするにあたって最もハードルが低いのは、バスツアーに参加する「バス遍路」です。これは、バスに乗って札所を回るお遍路なので、歩くことはもちろん、自分で道を調べる必要もありません。ツアーの種類は日帰り遍路を10回程度に分けるものから、10日連続などのコースもあり、費用は15～25万円ほどです。

自分で運転する「車遍路」の場合、通し打ちをするためには10日ほどの日数を要します。レンタカーの場合、1日7000円ほどの料金に加え、宿泊費が1泊2食付きで6500円～8000円ほど。食費、ガソリン代などを合わせると1日に2万円弱で、10日で20万円程度の費用がかかると考えられます。人数が増えればひとりあたりの費用は、もう少し抑えられるはずです。

「歩き遍路」の場合は、個人差がありますが、一般的に40日程度の日数を要するとされています。移動に伴う費用はかかりませんが、日数が増える分、宿泊費や食費もかさむため、1日に1万円かかる計算だと、1周するまでには40万円ほどの費用が必要な計算になります。

これに加え、札所1ヶ所につき300円の納経代がかかるので、88ヶ所で2万6400円が必要経費となります。

このように四国遍路は、移動手段によって必要な日数や費用が大きく変わるので、自分に合っためぐり方を選びましょう。ただし、どの方法で回る場合にも無理は禁物です。疲れたら休憩し、暗くなる前に宿を決めておくなど、体と向き合いながら安全第一で巡拝しましょう。

四国遍路では、移動手段だけでなく時期も重要になります。春や秋は涼しくて歩きやすいですが、混み合っていて参拝にも時間がかかることがあります。

Column.06

菊池洋明の推し御朱印

これがすごい!

安国論寺

〒248-0007
神奈川県鎌倉市大町4-4-18
宗派：日蓮宗
御本尊：久遠実成本師釈迦牟尼仏

日蓮宗信徒以外の人に授与される御朱印である「妙法」。御朱印帳一面に力強く大きく描かれた達筆、豪快な御朱印です。安国論寺の由緒が刻まれた中央の大きな四角の細密な朱印も見事です。「妙法」は「妙法蓮華経」を略した文字であり、他宗派の御朱印が書かれた御朱印帳に書いていただくことができます。なお、御首題帳を持っている方は、御首題「南無妙法蓮華経」を書いていただくこともできます。

安国論寺とは?

日蓮上人が安房国から鎌倉に入った際に最初に草庵を結んだとされる場所（松葉ヶ谷草庵跡）に建つ日蓮宗寺院です。日蓮上人が特宗・北条時頼に建白した「立正安国論」を書いた場所であるという法窟（修行の道場）も境内にあるなど、日蓮上人とゆかりの深い歴史あるお寺です。境内の奥には、日蓮上人が毎日、富士山に向けて法華経を唱えたとされる「富士見台」があり、天気の良い日は富士山を遠くに、鎌倉市街の景色を堪能することができます。

第7章

もっと深く知りたい！

深く知る

寺院や神社の耳より情報

寺院と神社の違いを知っていますか？

御朱印を頂く寺院や神社について、あなたはどこまで知っていますか？ 御朱印めぐりをされている方ならばご存じだと思いますが、そもそも寺院と神社の違いを知らなったりする方も結構いたりします。最終章では、より御朱印めぐりを楽しむために、もっと深い寺院＆神社の豆知識を解説します。

いつから
はじまった？

深く知る
01

御朱印のルーツを探る

今やすっかり人々に認知されてきた御朱印。その起源は果たしてどこにあるのでしょう？　様々な説を紹介します。

実のところ、御朱印の起源を明確に伝える資料というのは存在していません。その成り立ちや歴史は、はっきりしていないのです。

御朱印を形成する重要な要素である「朱印」。これは読んで字のごとく朱肉で押された印のことで、遅くとも室町時代には使われていたと考えられています。日本では戦国時代から江戸時代にかけて大名や将軍が公式文書に朱印を用いるようになりました。織田信長や徳川家康が公式文書には朱印、私的な文書には黒印を用いていたことから、朱印の文書は格式が高く、〝敬意を払うもの〟という認識が広まったとされています。

これに対して、寺社で授与される御朱印は、室町時代末期から江戸時代初期には存在していたことがわかっています。ただし、当時は神仏習合の時代だったため、神社で始まったものなのか、寺院で始まったものなのかは明らかになっていません。

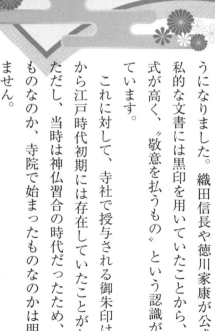

限られた情報を読み解いていくなかで、今のところ最も有力視されているのは、「もともとは寺院に写経を納めた際の受付印であった」という説です。このことを示す根拠として、現在では「奉拝」と書かれることが多い右上のスペースに、かつては「奉納大乗経典」などと書かれていたことがわかっています。こうした流れを汲み、現在でも納経なしには御朱印を頂けないという寺院も存在します。

室町時代には、日本全国66ヶ所を巡礼して、1国1ヶ所の霊場に法華経を1部ずつ納める「六十六部」という巡礼者がいました。彼らは、法華経を納めた証として、寺院から「納経請取状」というものを受け取っていて、ここには寺院名、参詣日、寺院の由緒・縁起、納経による功徳などが書かれていました。これは、四国八十八ヶ所や西国三十三ヶ

これが基本の考え方
参拝→納経→授与

【参拝】御朱印めぐりの基礎となる参拝。一方的に願い事をするのではなく、まずは感謝の気持ちを伝えましょう。

【授与】御朱印をお書き入れしていただいている際は、静かに、心を穏やかにして待ちましょう。

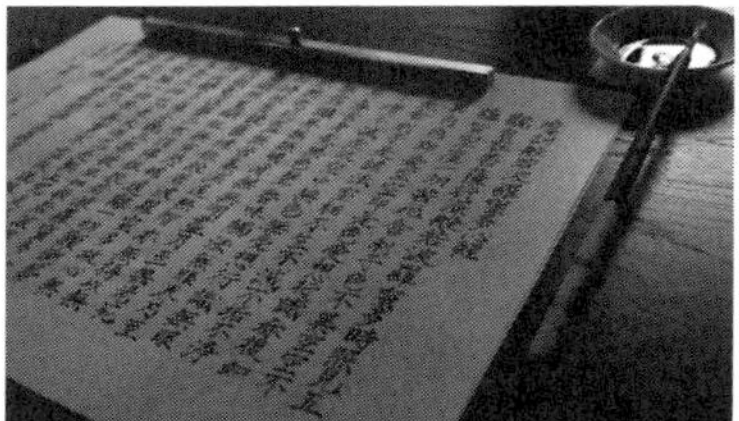

【納経】御朱印授与の起源ともいわれる納経。その歴史を知るためにも1度は体験することをオススメします。

所などの霊場めぐりで用いられる納経帳に通じるものだと考えられており、そのことから納経帳こそが御朱印の起源であると考えられているのです。

このように、もともと御朱印は納経の証として授与されていたものだったという説が有力ですが、「奉拝」という墨書きになっていることからもわかるとおり、近年では御朱印は参拝の証として頒布されています。現在のように参拝によって、御朱印を頂くという流れができたのは江戸時代中期頃だと考えられています。その頃には多くの寺社が少額の金銭を納めることによって御朱印を授与していたようです。

現在は空前の御朱印ブームといわれていますが、歴史を遡れば過去にも庶民の間で寺社めぐりや御朱印を頂くのが流行ったこともあったようです。今の盛り上がりも、いずれ落ち着くかもしれませんが、だからといって自分で参拝して頂いた御朱印の価値が失われるわけではありません。参拝者と寺社との縁はしっかりとつながっています。

ここまで参拝時のマナーや、テーマ設定の大切さなどを説明してきましたが、結局のところ最も大切なのは御朱印に対する自分なりの向き合い方です。時代や周りの人の流れに惑わされず、しっかりと自分なりの参拝や御朱印授与の意義を考える。そのうえで、寺社にお参りをすることで、あなたの体験はあなただけのものになり、御朱印帳に積み重なっていく御朱印は唯一無二の意味を帯びてくるはずです。

御朱印変遷年譜

奈良時代
長谷寺の開基である徳道上人が、冥土の入り口で閻魔大王に会い、「西国三十三所」巡礼を定める。

鎌倉時代
仏教の普及。浄土宗や日蓮宗、禅宗などが民衆の間にも浸透していく。

室町時代
「四国八十八ヶ所」が民衆の間にも広がっていく。

江戸中期
民衆の間で参拝を目的とした旅行が流行する。納経した証として、寺院が御朱印を授与し始める。

江戸後期
全国に霊場がつくられ始める。七福神めぐりなどが流行する。

明治時代
御朱印を集める参詣者のために、御朱印帳などがつくられるようになる。

戦後
「西国巡礼」や「四国遍路」が浸透していく。

現代
インターネットなどを通じて、御朱印ブロガーなども誕生。その流行は隆盛をむかえている。

日本ならではの思想

深く知る 02

寺院（仏教）と神社（神道）の違い

普段はあまり意識しない神社と寺院の違い。しかし、覚えておくと、より深い楽しみ方ができるはずです！

お正月の初詣には神社に参拝し、クリスマスにはチキンを食べながらパーティを行ない、お葬式では仏教のお経を読み上げてもらうという不思議な宗教観が当たり前のように根付いている日本。日常生活のなかでは、神社と寺院の違いに注目するような機会も少ないでしょう。しかし、神社と寺院の違いを知っておくと、御朱印めぐりはもっと楽しくなります。そこで、改めて両者の違いを比べてみたいと思います。

神社と寺院は、どちらも祭祀施設ですが、信仰している宗教が異なります。神社を祭祀施設とする神道は日本発祥の宗教で、木や山、岩をはじめとする自然物や、神話の登場人物などを神として崇拝しています。一方、寺院を祭祀施設とする仏教は、インドから中国を経由して入ってきた宗教で、開祖である釈迦や仏さまを崇拝しています。

神道にとっての神社は「神さまが住まう場所」で、信仰の対象だった自然がある場所や、神聖な儀式が行なわれていた場所に建てられているのが大半です。これに対して、仏教にとっての寺院は「仏像が祀られていて、僧侶が修行する場所」という位置付けになっています。

神社では神主や巫女などが神職を務めていて、祭事や祈祷といった社務を行なっています。寺院には住職や僧侶がおり、お経を唱えることや説法、墓地の管理などを行なっています。仏教には、神道にはない〝経典〟が存在していて、これにならった修行が行なわれているという特徴もあります。

建築的な違いとしては鳥居の有無が挙げられます。また、神社での参拝方法は基本的に二拝二拍手一拝であり、寺院では合掌のみという違いもあります。

このように細かく見ていくと神社と寺院にはたくさんの違いがあります。これらを知っておくだけでも視野が広がっていくでしょう。

静岡県熱海市にある伊豆山神社は、空海が修行した伝承が残るなど、明治の神仏分離により伊豆山神社となるまでは、多くの仏教者も修行を積んだ神仏習合の霊場として知られています。

深く知る
03

宇宙の真理が姿を変えて……

仏教の基本の「キ」

人生は苦しいことばかり!? 釈迦が説いた仏教は、苦しみの輪廻から解脱することを目指す教えでした。

仏教はインドの釈迦を開祖とする宗教で、紀元前450年頃に誕生したと考えられています。その教えは、苦しみの輪廻から解脱することを目指すというもの。人の一生は苦であるということを前提としており、永遠に続く輪廻転生のなかでは苦しみから逃れられないため、修行によってそこから解脱することを目指すというのが初期仏教の目的でした。

人は生前の行ないによって、何に生まれ変わるかが決まり、そこでの行ないによって、次の生が決まるという輪廻転生の思想は、インド由来の宗教や哲学には普遍的に見られるものです。ここから派生していったのが仏教で、物事の成立には原因と結果があるという因果論を用いて、人の苦しみにも原因があり、それを取り除けば苦しみに満ちた人生から抜け出すことができると考えたのです。

そうして輪廻から解脱することを「悟り」、そして真理を悟った者のことを「仏陀」や「覚者」と呼んでいます。つまり、仏教とは、生および輪廻転生という苦しみから抜け出すことを目指す教えなのです。

しかし、これはあくまで初期仏教の思想であり、釈迦の死から約百年後には部派仏教が誕生。大衆部仏教と上座部仏教に大きく分かれて、各地へと伝播し、教えは多様化の一途を辿っていきました。

上座部仏教では、人は出家し、自ら修行をすることで真理に目覚め、悟りを得ると考えられていました。これに異を唱えるかたちで起こったのが大乗仏教です。自ら修行することでしか救済を得ることができないとする上座部仏教に対して、大乗仏教は人は他者によって済度（※苦しみや困難から救うこと）されることが可能で、非出家者でも救済されるという教えが説かれました。

この教えはインド北部から急速に拡大。中央アジアを経て、中国、朝鮮、そして日本へと渡ってくることになったのです。

東大寺の毘盧遮那仏《びるしゃなぶつ》。毘盧遮那仏とは、史実の人物としての釈迦を超えた法身仏（ブッタの本体）で、宇宙の真理をすべての人に照らし、悟りに導く仏として信仰されました。

深く知る
04

日本仏教のおもな宗派とその特徴

6世紀に日本へ伝来した仏教。日本では様々な宗派が誕生し、今もなお多様な姿のまま息づいています。

日本の仏教が伝来したのは6世紀のこと。時の天皇や政治家、貴族たちに信仰され、民間にも広まっていきました。その中で、次々と新しい宗派が生まれていったのです。

奈良時代には、法相宗、華厳宗、律宗などの「南都六宗」と呼ばれた宗派が勢力を拡大。平安時代になると、唐で修行した空海が真言宗を、最澄が天台宗を広め、密教が盛んになりました。鎌倉時代には、「南無阿弥陀仏」と唱えれば誰でも極楽往生できるとした浄土宗や、悪人正機説を唱えた浄土真宗、「南無妙法蓮華経」を唱えることが救いと説いた日蓮宗などが勃興。すべての人に救いの道があると説いたこれらの宗派は、瞬く間に庶民に広まりました。また、この頃には武士の間で禅宗も流行しました。

江戸時代になると、寺社は幕府の統治下に置かれました。明治時代には国家的に神道が推奨されたため、寺院の数は減少。しかし、仏教は今も廃れることなく、日本にしっかりと根付いています。

日本仏教の
おもな宗派

華厳宗《けごんしゅう》

奈良時代に審祥が伝え、聖武天皇らに信仰されました。「一が多、多が一」という考え方をします。東大寺が大本山。

法相宗《ほうそうしゅう》

奈良時代、唐から帰った道昭が広めました。自分自身の心を深く追究することが悟りにつながるとする宗派です。

天台宗《てんだいしゅう》

開祖は最澄で、すべての人は成仏できると説きました。どの宗派の教義にも通じ、円・密・禅・戒すべてを尊重します。

律宗《りっしゅう》

戒律の研究と実践を主とします。唐から来日した鑑真が日本初の戒律を聖武上皇らに授けました。唐招提寺が大本山。

融通念仏宗《ゆうずうねんぶつしゅう》

平安後期に良忍が開いた宗派。時も場所も関係なく念仏を唱えれば浄土に行けるという思想です。

真言宗《しんごんしゅう》

開祖は空海。曼荼羅的な十段階の思想体系が特徴で、最終的には本尊・大日如来と同レベルになることを目指します。

浄土《じょうど》真宗《しんしゅう》

親鸞が開祖。「悪人（すべての衆生）こそが阿弥陀仏によって救済（他力本願）される」と悪人正機説を説きました。

浄土《じょうど》宗《しゅう》

念仏をベースに、阿弥陀仏の名を称える称名など、誰でもできる修行方法を説き、民間に広まりました。開祖は法然。

臨済宗《りんざいしゅう》

禅宗のひとつ。経典や教えに依存せず、修行や公案を通じて、祖師の教えを体得することを求めます。開祖は栄西。

時宗《じしゅう》

浄土系の一宗派。心構えや結果を気にせず、ただ心のままに念仏を唱えればいい、という絶対的な他力本願が特徴です。

黄檗宗《おうばくしゅう》

臨済宗の流れを汲む禅宗で、江戸時代に成立。開祖は隠元。寺社の建築様式や作法、お経もすべて明式がとられます。

曹洞宗《そうとうしゅう》

禅宗のひとつ。「只管打坐」（しかんたざ。ただひたすらに坐禅すること）で、己に働きかけます。開祖は道元。

日蓮宗《にちれんしゅう》

鎌倉期、日蓮によって成立。妙法蓮華経が最上の教義と考え、「南無妙法蓮華経」と題目を唱えることを重要視します。

寺院の御本尊

深く知る 05

祀られているおもな仏さま

如来や菩薩、明王の違いって何? 仏教の多様化によって変化していった〝仏さま〟に対する解釈。

阿弥陀如来や観音菩薩、不動明王など、寺院にはさまざまな仏さまが祀られています。しかし、これらの違いについてはあまりよく知られていません。

本来、仏さまというのは仏教における最高の存在であり、悟りを開いた者である「仏陀(如来)」のみを指す言葉です。しかし、仏教の解釈の変化や宗派の増加に伴って、仏陀以外にも信仰や造像の対象となる尊格を広義の解釈として「仏」と総称するようになったのです。

これによって仏と呼ばれるようになった尊格としては、菩薩や明王などが挙げられます。菩薩とは、仏教において悟りを求める人のこと。簡単にいうと仏門に入って修行している者のことをいいます。明王とは、密教のみで使われる尊格で、如来の化身ともされています。

このように仏の解釈は広がっていますが、菩薩や明王や天部も救いや御利益を与えてくれる存在として信仰されているため、御本尊として祀ってある寺院もたくさんあります。

知っておきたい 4大仏さま

菩薩《ぼさつ》

仏になるべく
自らも修行中

「菩提薩埵《ぼだいさった》」の略。菩提＝仏の悟り、薩埵＝求める人、という意味なので「仏の悟りを求める人」が菩薩です。仏になるべく修行を重ねながら衆生に御利益を与える存在として、信仰を集めます。お釈迦様が出家される前の貴人の姿が元になっているため、豪華な服装が一般的。文殊菩薩、観音菩薩、地蔵菩薩などが有名です。

如来《にょらい》

仏の悟りを得た
大いなる存在

「仏」の別名で、悟りを得た存在のこと。如来は複数いて、現実に存在したのは仏教の開祖である釈迦如来のみです。阿弥陀如来の救済で浄土に行こうというのが浄土信仰の根幹。医薬の仏として信仰される薬師如来、密教の大本尊・大日如来などが有名です。

天部《てんぶ》

インドの神々が
仏法の守護神に

仏教において、天界に住む人々の総称。バラモン教、ヒンドゥー教の神々が仏教に採り入れられ、仏法の守護神・福徳神となりました。例えばインド神話の最高位・ブラフマンは梵天に、軍神インドラは帝釈天に、サラスヴァティーは弁財天になったのです。四天王も天部の一員です。形も性格も多種多様なのが、天部の特徴です。

明王《みょうおう》

かたくなな民衆を
仏教に導く

密教において、大日如来の命を受けて、いまだ帰依しない民衆を仏教に導く存在。大日如来の化身とも。仏の教えを信じない民衆を強引に調伏する一方、帰依者を懸命に守護します。ヒンドゥー教の神が仏教に採り入れられて変化しました。不動明王、剛三世明王、金剛夜叉明王、軍荼利明王、大威徳明王で五大明王と呼ばれます。

深く知る
06

寺院の御朱印で見かける「発願」「結願」という言葉

霊場めぐりで頂く御朱印に押される「発願」や「結願」という朱印には、どんな意味があるのでしょう?

寺院の霊場めぐりでは、御朱印に「発願《ほつがん》」や「結願《けちがん》」という朱印を押されることがあります。これは一体、何を意味しているのでしょうか?

「発願」とは誓願を立てること、つまり誓いを立てて神仏に祈願することを意味します。霊場めぐりへの参拝を思い立ち、願いを起こし、最初のお寺を参拝する。そうして巡礼を始めることを発願といいます。そのため、発願の印は各霊場めぐりの第1番札所で押されるのが一般的です。

これに対して、「結願」とは、すべての霊場へ参拝し、巡礼が完了したことを意味する言葉です。これによって発願時に立てた誓願が果たされ、願いが結実するといわれています。結願の印を頂けるのは、各霊場めぐりにおける最後の札所。つまり、この印を頂くことは長きに渡る巡礼の終わりを意味しています。

霊場の初めと終わりを示す朱印の存在は、巡礼者に前に進もうとする強い力を与えてくれます。

発願印と結願印

巡礼を始めるにあたっての決意表明

発願印

霊場めぐりのスタート地点は参拝者が自由に決めていいという場合が多いですが、せっかくならば1番札所から始めるのがオススメです。最初に頂く発願印は自分の決意表明となり、道中の支えになってくれるでしょう。

鎌倉十三仏、第1番札所の明王院の御朱印。左上に発願の印。

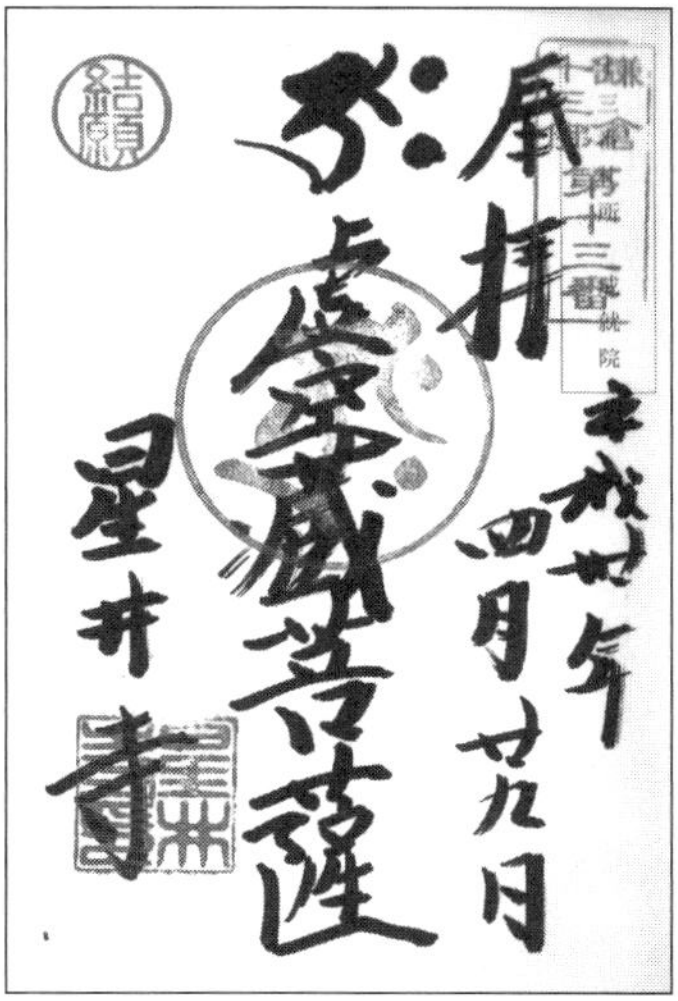

ゴールの先に見据える大いなる目標

結願印

霊場めぐりの目的は人によってさまざまですが、回りきった時の証明として「結願印」があるというのは重たい足を前に進める力になります。長い道のりを最後まで歩ききり、最後に頂く結願印には大きな喜びがあります。

鎌倉十三仏、第十三番札所の星井寺の御朱印。左上に結願の印。

深く知る
07

いったいどうして!?

寺院に鳥居がある謎

1000年以上に渡って続いた神仏習合の時代が形成した、世界のどこにもない独自の宗教観と祭祀施設。

ここまでにも何度かふれてきましたが、6世紀に伝来した仏教は、もともと日本にあった宗教である神道と融合し、世界のどこにもない独自の宗教観を育みました。この神仏習合と呼ばれる信仰により変化したのは、宗教ごとの考え方だけではありません。祭祀施設である神社や寺院の姿にも大きな影響を及ぼしました。神社の中に寺院があり、寺院の中に神社があるという状況が、当たり前のように存在することになったのです。

寺院の中に初めて神社を建てたのは、天台宗の開祖である最澄だといわれています。788(延暦7)年、最澄は一乗止観院という草庵を建立。これが比叡山延暦寺の起源だとされていますが、当時比叡山には山の神を崇拝する日吉信仰が根付いていました。そこで最澄は寺院を建てる際に、比叡山の山の神も一緒に祀ることにしたそうです。これこそが、寺院の中に神社を建てた最初の事例だとされています。

これとは反対に、神社の中に建てられた寺院を「神宮寺」

といいます。神宮寺が建てられた理由はさまざまですが、多くは神に仏教的な宗儀を捧げるのが目的だったとされています。今でも使われている神宮寺という苗字は、もともと神社内の寺院で働く者に与えられた名前でした。

鎌倉時代から江戸時代にかけては、八幡神が八幡大菩薩と称されるなど、神さまと仏さまの融合が進みました。現在は神社として崇敬を集めている石清水八幡宮や鶴岡八幡宮も、もともとは石清水八幡寺や鶴岡八幡寺と呼ばれる寺院でした。

このように日本では、神仏習合の時代が1000年以上続きました。明治時代には神仏分離令が出されましたが、完全に分けられたわけではなく、現在でも寺院に鳥居があったり、神社に仏像が祀られていることがあります。

593（推古天皇元）年に聖徳太子によって建立されたと伝わる四天王寺。1400年以上に渡る歴史の中で神仏習合と神仏分離を経験した境内には、寺院と神社両方の要素が散見されます。

深く知る 08

創始者も教祖もいない宗教

神道の基本の「キ」

森羅万象を神々の体現として享受する。あらゆる自然現象に神を見い出し、感謝と畏怖を抱えてきた神道の宗教観。

日本の伝統的民族信仰である神道は、開祖が存在せず、経典や具体的な教えもなく、神は自然と一体として認識されており、なおかつ多神教という世界的に見ても非常に珍しい宗教です。

神道の起源はとても古く、日本の風土や日本人の生活習慣に基づき、自然発生的に生じた宗教観念だと考えられています。自然物や気象、地理地形を含むあらゆる自然現象に神を見い出すという特徴があり、それらは「非常に多くの数」という意味を込めて「八百万《やおろず》の神々」と呼ばれています。

また、生前に大きなことを成し遂げた人物を、死後に神として祀るという風習もあり、自然信仰を基盤に豪族層による中央や地方の政治体制と関連しながら徐々に成立していったという側面もあります。

神道における神は、地域社会や産業を守り、現世の人間に恩恵を与えるという穏やかな面と、天変地異を引き起こし、病や死を招き寄せ、人を祟るという恐ろしい面を同時に持ち合わせています。そのため、古くから日本人は神に対して、感謝の気持ちと畏怖の念を抱いてきました。そうした両面を受け入れ、森羅万象を神々の体現として享受する「惟神《かんなが》の道《ら》（※神と共にあるという意味）」というのが神道の基本理念だと考えられています。

もともと神道は、国家鎮護や魂の救済を目的とした信仰ではなく、家族や村のような共同体を守ることを願って信仰されてきました。他宗教と比べて、現世主義的だという点も特徴として挙げられるでしょう。

古来より人々は神に感謝を捧げたり、願いを届けるために祭祀を行ない、そういう場所に神社が建てられました。神道にとって神社は、祈りを捧げる場所であり、神が住まう場所だと捉えられています。

伊勢神宮の参道に差し込む光芒。人間の理解を超えるほど美しく、時に恐ろしい自然に対し、古来より日本人は神聖さを感じ、姿は見えずとも神の存在を感じてきました。

神々のおわす空間

深く知る 09

おもな神社の特徴と社号

八百万の名を冠する多種多様な神社。姿の見えない神々を祀る神社には、必ずしも社殿は必要なかった!?

先述の通り、神道には開祖がおらず、唯一神がいるわけでもありません。そのため、神道の祭祀施設である神社には、自然神、産土神《うぶすながみ》、天つ神と国つ神、皇室や氏族の祖神、偉人の霊などが神として祀られています。

自然を信仰の対象とする神道では、山や岩、樹木などに神が宿ると考えられており、そうしたものを敬ってきたので、社殿がなくても神聖な場所は神社とされました。もともと神道では、神は目に見えないものであり、神の姿形も作られなかったので、必ずしも社殿が必要ではなかったのです。現在見られる社殿を伴った神社は、神々が祀られた祭殿が常設化されたものだと考えられています。

祀られている神さまが「八百万の神々」と言われるほど多様であることから、神社の名前もさまざまです。祭神名を冠した神社や、奉斎する氏族の名を冠する神社、神社の種別を表すもの、そしてなかには記録が残っておらず由来が不詳という神社も少なくありません。

神社の社号

神宮

「神宮」自体は伊勢神宮をさします。「○○神宮」とつく場合は、皇室とゆかりの深い由緒ある神社ということ。基準としては、皇室の祖先神を祀っているかどうかです。

宮

天皇や皇室にまつわる人物を祀っている神社。

大神宮

「大神宮」は伊勢神宮の出張機関ともいえる、東京大神宮の特別な社号。

大社

地域信仰の中核をなす、大きな神社のこと。もともとは、国譲りを行なった大国主命を祀る出雲大社のみにしか付かない称号だったといわれますが、明治以降は春日大社や諏訪大社など、崇敬を集める格式の高い神社で使われるようになりました。

神社

最も一般的な神社のこと。

社

「神社」の略称。大きな神社から御祭神を勧請した神社に用いられます。

おもな神社とその特徴

稲荷神社《いなりじんじゃ》

稲荷神を祀る神社。屋敷神として、個人や企業などに祀られているものなどを含めると、膨大な数にのぼります。

天祖神社《てんそじんじゃ》

天照大御神を主祭神とし、伊勢神宮内宮を総本社とする神社。神明社、神明宮、皇大神社などとも呼ばれています。

八幡神社《はちまんじんじゃ》

八幡神を祀る神社。総本社は大分県宇佐市の宇佐神宮で、全国に1万社とも2万社ともいわれる数の八幡神社があります。

熊野神社《くまのじんじゃ》

熊野三山(熊野本宮大社、熊野速玉大社、熊野那智大社)の祭神の勧請を受けた神社。熊野社や十二所神社とも呼ばれます。

東照宮《とうしょうぐう》

徳川家康を祀る神社。3代将軍徳川家光による諸大名への造営の進言があり、全国で500社を超える東照宮がつくられました。

天満宮《てんまんぐう》

菅原道真を祭神とする神社。「天神さま」「天神さん」の愛称で親しまれ、毎年多くの受験生が訪れます。

山王信仰《さんのうしんこう》

比叡山麓の日吉大社から生じた神道の信仰。「山王さん」の愛称で親しまれ、全国に約3800社あります。

氷川信仰《ひかわしんこう》

スサノオに対する神道の信仰のひとつ。暴れ川である荒川の本支流域に多く、大宮氷川神社が氷川信仰の総本社とされます。

深く知る 10

神社の御祭神

祀られているおもな神さま

同じ神さまでも土地によって解釈が異なる？　神道全体の寛容性の高さによって一層多様化する神道の神々。

時代が進み日本という律令国家のシステムが整ってくると、時の権力者たちは国の成り立ちの正当性や権威を神話に求めるようになりました。こうして森羅万象への民間信仰に神話を交えて体系づけられていた神道の考え方は、『古事記』や『日本書紀』というかたちでまとめられることに。神道の祭神として祀られる神さまの多くは、これらの書物に登場しています。

しかしながら、当時の日本には標準語のような言葉はなく、地域ごとに使われている方言や表記が異なっていました。そのため、例えばスサノオノミコトという神さまの場合、「素戔嗚尊」と「須佐之男命」というように異なる表記があったりします。場合によってはまるで違う名前で信仰されている神さまもいるので、同一視が難しく、解釈が難解だというケースもあるようです。

このような理由から、神道の神々は地域ごとに独自の解釈で信仰され、より一層多様化していきました。

知っておきたい5大神さま

伊邪那美命《イザナミノミコト》

国生みの果てに黄泉の国へ

日本神話に登場する女神。兄の伊邪那岐命と結婚し、大八州の島々や森羅万象の神々を産み落とします。しかし、火の神・迦具《かぐ》土神《つちのみかみ》を生んだ際、陰部の火傷が元で病に伏せ、命を落としてしまいます(病に苦しむ伊邪那美命からも多くの神々が生まれました)。妻神を取り戻すために、伊邪那岐命は黄泉の国を訪れるのです。

伊邪那岐命《イザナギノミコト》

日本列島を造った国生みの神

日本神話に登場する男神で、天地開闢の時代、神代七代の最後に生まれます。伊邪那岐命は、高天原の神々に命じられて伊邪那美命と国土を作ることになりました。天の橋から矛で海をかき回してオノコロジマを作り、その地で伊邪那美命と結婚。日本の元となる大八州の島々、石や木、海、火など森羅万象の多数の神々を生みます。

大国主命《オオクニヌシノミコト》

因幡の白兎に登場する心優しき男神

須佐之男命の息子とも六世の孫ともいわれる男神。少彦名神《すくなびこなのかみ》と協力して中つ国を経営していましたが、天照大神の要請で国土を献上し、自身は隠遁しました。「因幡の白兎」の神さまでもあります。別名を大己貴《おおなむちの》神《かみ》・八千矛神《やちほこのかみ》ともいい、そちらの名でも神話に登場します。

須佐之男命《スサノオノミコト》

八岐大蛇を退治した日本神話の英雄

伊邪那岐命の禊ぎの際、鼻から生まれた男神。母のいる根之堅洲国に行こうとし、高天原に別れの挨拶に出向きますが、天照大神は弟が攻めてきたと勘違い。誓約《うけひ》を行ない、潔白が証明されると乱暴を働き、追放されてしまいます。下界に下りた須佐之男命は巨大怪物「八岐大蛇」を退治し、櫛名田比売を娶りました。

天照大神《アマテラスオオミカミ》

高天原の中央に鎮座する太陽神

黄泉の国から戻った伊邪那岐命が禊ぎをした時、左目から生まれた女神。太陽を司る高天原の主神です。また、皇室の祖神であり、日本人の総氏神ともされています。神話としては、弟の須佐之男命が高天原で乱暴狼藉を働いたため、天照大神が天岩戸に隠れてしまい世の中が真っ暗になったという「岩戸隠れ」が有名です。

神社の
御朱印で見かける

深く知る
11

「鎮守」という言葉

鎮守神は土地や建造物を守るべく、時には地主神と戦うこともあったとか。そうして人間は自然と共存してきました。

神社の御朱印によく見られる「鎮守」という墨書きは鎮守神、つまり、その土地や建造物を守る神さまを意味している言葉です。ですから、「鎮守」と書かれた御朱印を頒布している神社は、その土地の守護神であると考えられます。

鎮守神は、もともとその土地に鎮座している氏神や産土神と同一視されることが多くなっています。しかし、必ずしもそうとは限りません。元をたどると、鎮守神は地主神を押さえ込み、服従させるために新たに祀られた神だったとも考えられています。例えば、ある土地に建物を造営する際、その土地に宿る神霊に、人間や造営物に対して危害を加える祟りを起こさせないように、その地主神よりも霊威の強い神を新たに勧請して祀ったという歴史があるようです。なお、地主神は鎮守神に服属し、活動を守護・補佐することもあれば、反対に抵抗して祟りを起こしたという記録も残されています。

寺院を建立する際にも、土地を守るために鎮守神が祀られることがあり、その建物は鎮守社と呼ばれました。

鎮守印

土地を守り、
人とつないできた鎮守神

鎮守御朱印

埼玉県川口市に鎮座する氷川神社の御朱印には、地域一帯の守り神であることを示す「鎮守」の墨書きが書き込まれています。

川口氷川神社のダイナミックな御朱印。左下にはスサノオの御影の押印。

長い間、周辺地域の人々から篤い信仰を受け、鎮守としての役割を担ってきました。

川口氷川神社は規模は大きくないものの、多くの参拝者が訪れることから「小さな大社」と呼ばれています。

深く知る
12

様々な解釈

本地垂迹説と神本仏迹説

神さまは仏さまの化身？ それとも、仏さまが神さまの化身？ 立場をめぐり、時にぶつかり合いながらも習合した神仏。

今も世界中で宗教の違いによる対立が絶えないことからもわかるように、異なる宗教同士というのは簡単には共存できないものです。そうであるにもかかわらず、日本で神道と仏教が融合できたのは、なぜだったのでしょうか？

神仏習合ができた理由のひとつとしてあげられるのが、「本地垂迹説《ほんじすいじゃくせつ》」という考え方です。これは、「日本の八百万の神々は、実はさまざまな仏が化身として日本の地に現れた権現《ごんげん》である」という考え方。つまり、神道の神々というのは仏さまが姿を変えた存在であり、両者は同一であるという考え方が誕生したのです。

本地というのは、「本来の境地やあり方」を意味していて、究極の本地は宇宙の真理そのものである仏さまだと考えられています。垂迹というのは、迹を垂れるという意味で、「神仏が現れること」を示しています。

これは、日本にやってきた仏教が各地で布教される際に、その土地本来のさまざまな土着的な宗教を包摂するために発生したと考えられています。だから、神さまは仏さまの化身であり、立場としては仏さまの方が上位に位置付けられているのだと解釈できます。

本地垂迹説が浸透していくなかで、鎌倉時代中期に発生したのが「神本仏迹説《しんほんぶつじゃく》」です。これは、本地垂迹説とは反対に、仏さまが神さまの化身であるという考え方。神さまが主で仏さまが従うという立場を強く打ち出したもので、仏教からの独立を目指す神道側から起こりました。

このように神仏習合が続いた1000年間は、常に平穏だったわけではなく、時に対立する勢力が現れることもありました。それでも続いていったのは、ひとえに日本人が寛容さと、あらゆるものに敬意を示す姿勢をもっていたからだといえるでしょう。現代を生き、神社にも寺院にもお参りをする我々も、その気持ちを忘れずにいましょう。

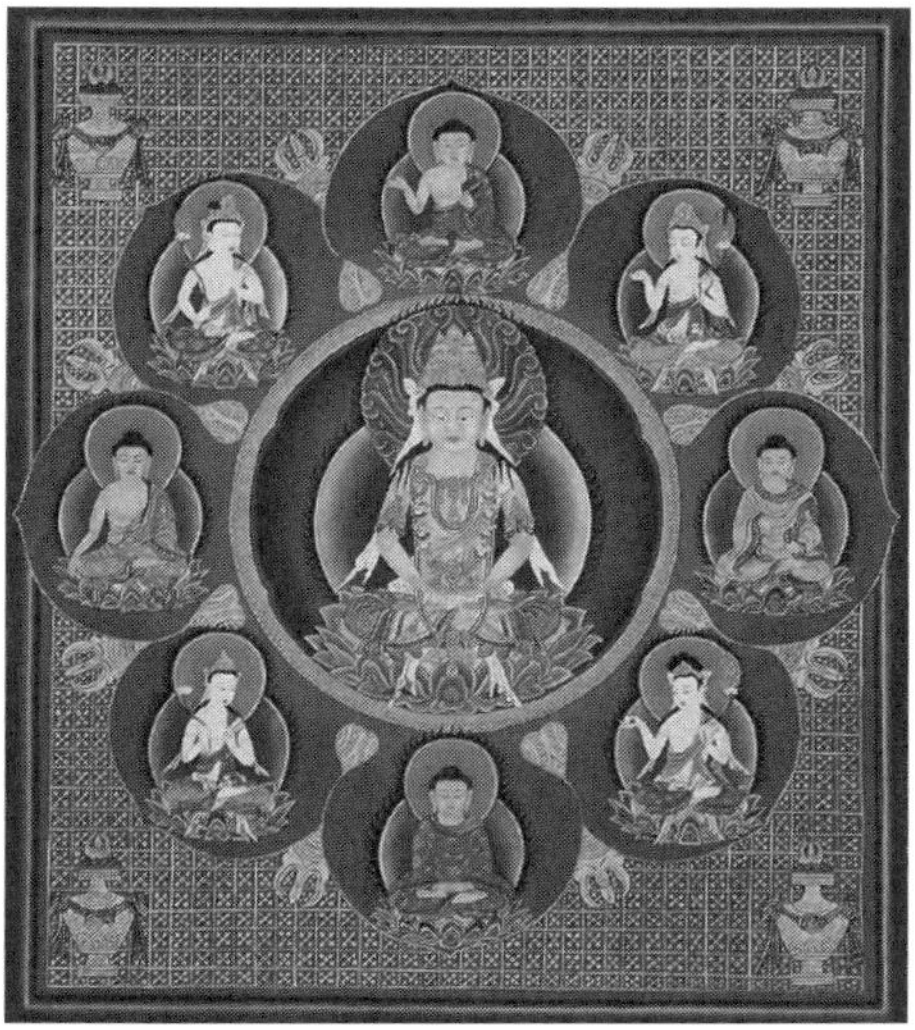

日本の主神として神話に登場する天照大神（左）と、真言密教の教主である仏さまで、密教の本尊としても祀られる大日如来（右）。長きにわたって日本人を支えてきました。

巻末特集

菊池洋明の推し御朱印帳

御朱印めぐりを始めるにあたって、まず、必要となってくるのが御朱印帳です。ショップやインターネット販売などでも購入できますが、最初の1冊はぜひ、各神社や寺院のオリジナルを……!

ここがすごい!

最初の一冊は何にしよう?

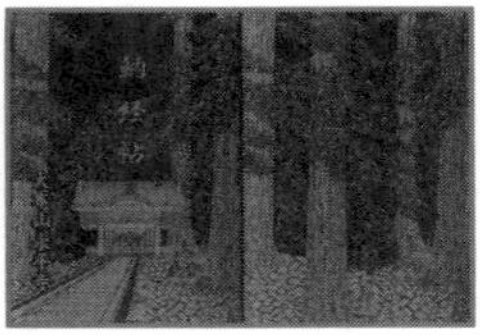

永平寺

荘厳な空気が漂う杉の森の中に、パワースポットといわれる、唐門(勅使門)が見事に調和しています。

伊勢山皇大神宮

三代歌川広重が描いた浮世絵『横浜野毛伊勢山従海岸鉄道蒸気車ノ図』がモデルとなっています。

武田神社

御祭神である武田信玄所有の甲冑と富士山が、黒地に銀色の刺繍で威風堂々と描かれています。

寒川神社

渾天儀と北斗七星、裏には方位盤がデザインされた、壮大で知的な印象を与えてくれます。

覚林寺

お寺にゆかりのある加藤清正の兜。武将好きな人にもおすすめな猛々しいデザイン。

広島護国神社

桜が咲き誇るなかを、鮮やかな鯉が優雅に泳ぐ、朱色を基調とした御朱印帳。

熊野本宮大社

熊野権現の神の使いである、ヤタガラスがあしらわれた高潔なデザインが特徴的。

駒込冨士神社

一富士、二鷹、三茄子が描かれた金色の御朱印帳は、持っているだけで縁起が良さそうですね。

高崎観音

白衣大観音の慈しみ深い眼差しで、御朱印帳からもご利益をいただけそうですね。

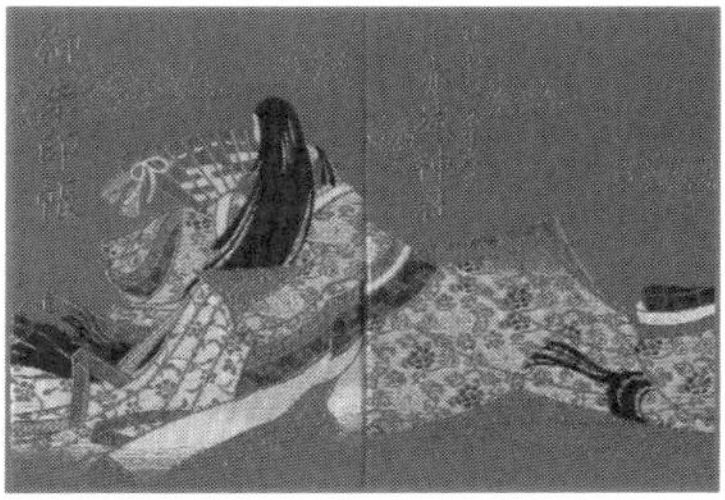

赤城神社

真っ赤な背景に表紙・裏表紙いっぱいに描かれた十二単の赤城姫がとても印象的。

大船観音寺

慈愛の微笑みを浮かべる白衣観音。全体的に小紫色で上品な仕上がりになっています。

森戸大明神

青い景色の中に立つ名島の赤鳥居と、夕日に燃える赤富士が見事です。

妙義神社

羽を休める鶴と、大空を支配する龍の姿が裏表に描かれ、なんとも神秘的。

牛久大仏

世界一大きい大仏さまのご尊顔が、手に取るたびに心を穏やかにしてくれます。

江島神社

高波越しに、江の島と富士山を一望する風景画は壮観。裏の鯛がいいアクセントになっています。

善國寺

目の覚めるような水色の中に、毘沙門天と石虎が勇猛に描かれています。

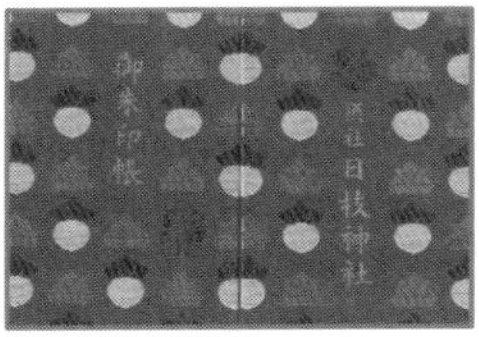

日本橋日枝神社

株価好転や、ご自身の株を上げたい人には特にオススメな、可愛らしいカブ柄。

立石寺

松尾芭蕉の俳句、「閑さや岩にしみ入る蝉の声」がデザインされています。

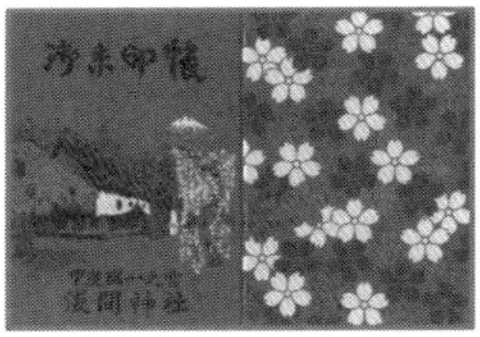

甲斐国一宮浅間神社

富士山に見守られる浅間神社と、満開桜の展開が美しく表現されています。

後書

縁

御朱印めぐりで良縁つなぎ

寺社・御朱印めぐりには、参拝にあたっての最低限のマナーや作法はあるものの、必ずこうしなければならないといった類の細かいルールはありません。どの寺社から巡拝をはじめようか、どういったテーマをもって寺社をめぐって行こうかなど、ほとんどは参拝者の自由なのです。

御朱印に関する考え方も、お寺のご住職や神社の宮司さんにおいてもさまざまですし、我々参拝者の間でもいろいろな捉え方がなされています。寺社・御朱印めぐりをする理由も、純粋な信仰心から巡拝を行なう人、日常の中の心の安寧を求めて参拝に行く人、趣味として寺社・御朱印めぐりをする人など、十人十色でしょうし、その捉え方や楽しみ方も人それぞれです。

本書でもふれましたが、寺社・御朱印めぐりは自由であるからこそ、巡拝をする際は自分なりの目的意識、テーマをもって参拝していくと、よりその意味は深くなり、より楽しめるものになるのだと思います。

寺社・御朱印は貴いものだという基本の認識を間違えず、お寺の御本尊や神社の御神体への畏敬の念をもって行動し、そこで出会う方々にも礼節をもって接して、一期一会の出会いを良き縁とする。本書を手にとっていただいた方々が、寺社・御朱印めぐりの魅力を深く知り、心豊かな、より良き人生を歩まれることを願っています。

最後に、本書の制作にあたり、企画から編集、また共に取材をしてくださった伊勢出版の伊勢新九朗さん、入念な校閲に尽力頂いた笠倉出版社の新居美由紀さん、私の伝えたいことを的確にまとめてくださったライターの阿部光平さん、今までにない斬新な装丁に仕上げて頂いたデザイナーの若狭陽一さん、取材にご協力頂いた神社・寺院さま、そして、この本を手にとってくださった読者の皆さまに、深く感謝いたします。

【御朱印愛好家】菊池洋明

著者◉菊池洋明［御朱印愛好家］

Webサイト『菊池洋明ポートフォリオサイト』
http://www.dame-ningen.net/

東京都生まれ、法政大学社会学部卒。会社員として働きながら、週末を中心に寺社めぐりをする御朱印愛好家。Webマガジンのひとつである「All About」（オールアバウト）で金魚カテゴリのガイドも務める。著書に「永久保存版 御朱印アートブック」（PHP研究所）、「開運!御朱印手帖」（ダイアプレス）、「運がいい人は行っている全国パワースポット御朱印帖」（笠倉出版社）、「古今東西、すごい御朱印だけ集めました。」（笠倉出版社）、「上から見る!風流に金魚を飼うための本」（秀和システム）などがある。

制作	株式会社伊勢出版
編集	伊勢新九朗
執筆協力	阿部光平
デザイン	若狭陽一
DTP	加藤祐生
編集協力	株式会社ユニ報創
写真	各神社&寺院さま、菊池洋明、PIXTA、編集部
イラスト	堀内麻代
グッズ提供	「御朱印帳専門店 HollyHock」 https://www.goshuincho.com/

本書制作にあたって、ご協力いただいた全国各地の神社、寺院さまに深い感謝を表します。本当にありがとうございました。

謎解き御朱印めぐり

発行日	2019年9月11日　第2版発行
発行人	笠倉伸夫
編集人	新居美由紀
著者	菊池洋明
発行所	株式会社笠倉出版社 〒110-8625 東京都台東区東上野2丁目8番地7号 笠倉ビル 営業 ☎0120-984-164 編集 ☎03-5846-3456
印刷・製本	株式会社光邦

ISBN978-4-7730-8939-4
乱丁・落丁本はお取り替えいたします

編集後記

本書を制作するにあたって、多くの寺院・神社さまに足を運び、菊池さんと共にお話を伺いました。取材を重ねるごとに、御朱印に対する姿勢や想いは、まさに寺院や神社の数だけあるものなのだということを実感しています。だからこそ、私たち参拝者も、それぞれの寺院や神社の考えを理解し、その考えに寄り添う気持ちで参拝すべきなのだと思います。浅草神社の禰宜さんがおっしゃっていた、「ブームではなく文化」ともいえるほど浸透してきた御朱印なのです。今こそ、御朱印と真摯に向き合い、御朱印とは何かを考え、私たち皆で御朱印を一過性のものではなく慣習化させる、日本が誇る文化にしていくという意識をもてればと考えています。

※本文中に掲載されている御朱印の中で、本文を補足するために掲載されている御朱印の多くは、著者が今まで頂いてきたものになりますので、現在進行形で頒布されているものではないかもしれません。必ずしも本書と同じ御朱印を頂けるかはわかりませんので、ご了承いただけますと幸いです。また、本文補足のために掲載されている御朱印については引用というかたちでの掲載のため、神社・寺院さまからの許諾は得ておりません。何か不都合がある神社・寺院さまがおられましたら、編集部までお知らせください。